池田大作先生の指針

わが教育者に贈る

聖教新聞社

池田大作先生ご夫妻

東京・創価学園の入学式で学園生たちを激励（2003年）

東京・創価大学の特別文化講座で文豪ゲーテについて語る（2003年）

北海道・札幌創価幼稚園の通園バスに乗り、園児たちの中へ（1976年）

大阪の関西創価小学校で。児童たちのメッセージに返事を綴る（1983年）

あの山のごとく大きな人に——ネパールのカトマンズ郊外で（1995年）

心が躍る。笑顔が弾ける。思いはつながる（1991年 イギリス・ロンドン近郊で）

話をする時は、子どもの目を真っすぐ見つめて（1979年 長野で）

マレーシア創価幼稚園を訪問し、園児たちに期待を寄せる（2000年）

さあ進もう！ 子どもたちと共に！ 未来のために！（1992年 オーストリア）

牧口常三郎・創価学会初代会長の大著『創価教育学体系』は各国語で翻訳されている

カナダのラバル大学から「名誉教育学博士号」を受章（2010年 創価大学）

1984年８月、都内で行われた創価学会の全国教育者総会

創価の青年教育者たちが決意にあふれて（2014年 東京）

発刊に寄せて

この世にて
　教育こそが
　　大聖業
　創価の人材
　　永遠《とわ》に輝け

「人間は、何のために生まれてくるのか？」

「教育は、何のためにあるのか？」

一九三〇年（昭和五年）の十一月十八日――。

一人の小学校校長が、一冊の著書で、その答えを宣言しました。

「人間は、幸福になるために生まれてきた！」

「教育は、子どもたちを幸福にするためにこそある！」

本の名は『創価教育学体系』。長年、教育現場の最前線で奮闘してきた牧口常三郎先生が、愛弟子《まなでし》である戸田城聖先生と力を合わせて発刊した、人間教育の思想と実践の集大成です。

この日が、創価教育学会の創立の日となりました。

創価学会の出発は、教育です。創価学会の誇りもまた、教育です。

時代は世界恐慌の嵐が吹き荒れ、民衆の苦悩と不安が渦巻いていました。日本は国を挙《あ》げて、国家主義、軍国主義の教育を推《お》し進め、子どもたちにまで滅私奉公《めっしほうこう》を強《し》いていく趨勢《すうせい》にありました。

その真っ只中《ただなか》で、牧口先生・戸田先生は、幸福な人生を歩む上で必要な「価値創造の力」を若き生命から引き出していく「創価教育」を高らかに創始されたのであります。

いわば国家による教育が人間の生命を「手段」と捉《とら》えるのに対し、両先生は人間の生命を「無上宝珠」という尊称をもって呼び、教育の「目的」そのものであると断言されています。

さらに、その尊極《そんごく》の宝の生命を対象とするゆえに、教育は「最優最良の人材にあらざれば成功することの出来ぬ人生最高至難《しなん》の技術であり芸術である」(1)と教えられました。

ここに、創価教育の原点があります。

この正義の大信念の師弟を、軍部政府は弾圧し投獄しました。しかし、苛烈《かれつ》な迫害の中にも断じて屈することなく、牧口先生は巣鴨《すがも》の東京拘置所で獄死され、七十三年の崇高なる生涯を閉じられました。殉教の先師の分身として、恩師・戸田先生は二年間の獄中闘争を勝ち越え、荒廃した戦後社会で、青年教育、民衆教育の波を起こして、新たな平和創造の挑戦を開始されたのであります。

私自身、ありがたくも恩師の一対一の人間教育を受けることができました。今日があるのは、全て、この「戸田大学」の薫陶《くんとう》の賜物です。

人を育てる。人をつくる。教育は、人類の限りなき夢です。

かのスイスの大教育者ペスタロッチも、語っておりました。

「わたしの心は一つの夢でいっぱいです」「わたしの心は教育・人間教育の考えでいっぱいです」(2)と。

私も、先師と恩師の夢を、わが夢として、教育こそを最大のライフワークと定めてきました。

そして、その不二《ふに》の誉《ほま》れの同志こそ、わが教育本部の皆様なのです。

第三代会長就任の翌年の一九六一年(昭和三十六年)、私は教育者で構成されるグループを結成しました。それが、今の教育本部の前身である教育部です。

創価学園、創価大学の創立、さらに、アメリカ創価大学、また、札幌、香港、シンガポール、マレーシア、韓国の幼稚園、ブラジルの創価学園の創立も、教育本部の皆様方と手を携《たずさ》えて実現してきた、先師と恩師の悲願であります。

教育本部の皆様は、「子どもの幸福」のため、「教育のための社会」の実現のために、それぞれの使命の教育現場で、尊き実践を重ねてこられました。

そのエピソードを書き留《とど》めた実践記録が、本年、八万五千事例を突破したことも、私は合掌《がっしょう》する思いで伺《うかが》いました。

『創価教育学体系』の発刊から八十五周年の佳節を飾る壮挙《そうきょ》に、先師も、恩師も、満面《まんめん》の笑《え》みで喝采《かっさい》を送っておられることでしょう。

一つ一つの事例に――

一人ひとりの可能性を徹して「信じぬく」、慈悲《じひ》と誠実の振る舞いが光っています。

すべての子どもたちを「ありのまま受け容れる」、大海のような境涯が広がっています。

何があっても笑顔で「励まし続ける」、豊かな智慧と真心の温もりが伝わってきます。

たとえ一時は反発されようとも「どこまでも支える」、透徹《とうてつ》した執念が燃えています。

そして、遂《つい》には子どもたちと「心をつなぐ」、感激のドラマが散りばめられています。

東日本大震災の被災地にあって、被災した親子に寄り添い、希望を送り続けてこられた感涙《かんるい》の報告もありました。

まさしく、一つ一つの偉大な実証の中に、日本の、さらには世界の教育の未来を照らす光源《こうげん》があると言っても、過言ではないでしょう。

『創価教育学体系』は、牧口先生の豊富な教育実践を基《もと》に、「理論編」として四巻までが発刊されましたが、本来は、全十二巻に及ぶ大著となる構想がありました。牧口先生は、弟子たちの教育実践記録をまとめて『創価教育学体系』を完結することを願われていたのです。

その意味において、わが教育本部の皆様こそが、『創価教育学体系』の〝続編〟を綴りゆく創価教育の後継者であり、「実践編」を体現されゆく人間教育の真正の勇者であると、私は声を大にして宣揚したいのであります。

日蓮大聖人は、人間の真の幸福について、こう洞察されております。

「喜とは自他共《じたとも》に喜ぶ事なり」

「自他共に智慧と慈悲《じひ》と有るを喜とは云うなり」（御書七六一ジペー）

教育は「共育」です。大人も子どもも共に智慧を磨き、慈悲の心を発現しながら、共に育ち、成長していくなかにこそ、幸福を勝ち取る人間教育の真髄《しんずい》があるといってよいでありましょう。

究極の生命尊厳の法理を持って、人間教育に邁進《まいしん》する我らは、いかなる苦難も突き抜けて、断固として、自他共に「歓喜の中の大歓喜」の未来を創りゆく開拓者であります。

今、嬉しいことに教育本部の陣列は、重層的かつ多角的に拡大しています。貴重な経験を積まれ、後輩を励まし、内外の依怙依託と慕われる教育名誉会の方々も、何と頼もしいことでしょうか。さらにまた、男女ともに、青年教育者の友が目覚ましい活躍を繰り広げてくれています。

皆様こそ、子どもたちに幸福をもたらす恵みの太陽です。

皆様こそ、地域に安心と笑顔を広げる希望の灯台です。

皆様こそ、価値創造の光で世界を結ぶ平和のリーダーなのです。

教育を「総仕上げの事業」とする私も、皆様と共々にさらに前進していく決意です。

大切な大切な皆様方の益々の健康と御一家の御多幸を、妻と祈り続けてまいります。

教育の新時代の創造へ、勇猛精進《ゆうみょうしょうじん》していくことを固く誓い合い、本書の発刊への祝福とさせていただきます。

勝ち昇る
　世紀の太陽
　　我なりと
笑顔忘れず
　生命《いのち》の大光《ひかり》を

二〇一五年十一月十八日
　『創価教育学体系』発刊八十五周年を記念して

池田　大作

（1）『牧口常三郎全集　6』第三文明社
（2）「七十三歳生誕日講演」佐藤正夫訳、長田新編『ペスタロッチー全集　13』所収、平凡社

目次

発刊に寄せて……1

第1章　寄稿「わが教育者に贈る」

第1回　青年から「共育」の新時代を
我らは永遠に「人間教育」が起点……15

第2回　教師こそ最大の教育環境なり
教育は子どもを信じ抜く戦い……32

第3回　地域社会に教育の陽光を
相談できる先生は「希望の灯台」……47

第4回　世界に広がる創価教育の光
「いじめ」のない社会で「いのち」は輝く……65

第2章　小説『新・人間革命』から
第7巻「文化の華」の章……87
第24巻「人間教育」の章……101

第3章　提言・所感
全国教育者総会に寄せて（1984年8月25日）
教育の目指すべき道――私の所感……169

創価学会創立70周年記念「教育提言」（2000年9月29日）
「教育のための社会」目指して……194
21世紀開幕記念「教育提言」（2001年1月9日）
教育力の復権へ　内なる「精神性」の輝きを……233

装幀　中山聖雨

一、本書は、「聖教新聞」（二〇一二年二月一日付〜九月二十二日付）、小説『新・人間革命』（第7巻、第24巻から一部抜粋）、『池田大作全集』から、池田大作先生の教育に関する提言等を著者の了解を得て収録した。

一、御書の御文については、『新編　日蓮大聖人御書全集』（創価学会版、第二七八刷）を、（御書〇〇㌻）と示した。

一、引用文のなかで、旧字体を新字体に、旧仮名遣いを現代仮名遣いに改めたものもある。また、句読点を補ったものもある。第1章、第2章は、引用および参照した箇所に番号を付し、章末にその書籍名等を示した。

一、編集部による注解については（＝　）と記した。

一、肩書、名称、時節等については、掲載時のままにした。

第1章

寄稿「わが教育者に贈る」

第1回　青年から「共育」の新時代を

我らは永遠に「人間教育」が起点

「『人間性を形成する』――これこそはわれわれの世紀の誉《ほま》れだ」(1)

ドイツの大文豪ゲーテが若き日に師と仰《あお》いだ、文学界の指導者ヘルダーの叫びです。

教育は、人から人へ、人間性の真髄《しんずい》を生命深く育み、伝えゆく聖業です。

教育は、たゆまずに人間を創り、文化を創り、平和を創る力です。

教育は、人生の黄金の柱、社会の黄金の柱、未来の黄金の柱です。

学会は「創価教育学会」として、この教育から出発しました。いな、私たちは永遠に「人間教育」を起点とします。

初代・牧口常三郎先生も、教育者でした。

第二代・戸田城聖先生も、教育者でした。

そして、第三代の私も、教育こそ人生の総仕上げの事業と定めてきました。

牧口・戸田両先生の悲願であった、創価学園・創価大学、また、世界各地の創価幼稚園、さらにアメリカ創価大学を創立し、師の構想の通り、社会に人類に貢献しゆく英才を育成してまいりました。

この三代にわたる大情熱を直接に受け継いで、最前線の現場で献身してくださっているのが、敬愛する教育本部の皆様方なのです。

日夜、子どもたちのため、どれほど真剣に祈り、悩み、努力を重ねておられることか。人間教育の不二《ふに》の盟友である皆様方のことは、私の胸奥《きょうおう》から離れたことはありません。

とりわけ、教育の危機が憂慮《ゆうりょ》される現代にあって、幾多の難問に直面しながら、懸命に力闘されている、誉《ほま》れの青年教育者の友に、私は少しでもエールを送りたいと常に思ってきました。

これまでも折々に、教育への提言を発表してきました。今回は、青年教育者の方々と、わが創価大学のキャンパスで語り合うような思いで、教育に関する所感を綴らせていただきます。

＊

「無上宝珠」――『創価教育学体系』では、子どもたちの生命が、この最大の尊称で呼ばれております。

子どもたちの生命こそが、何ものにもかえ難い尊極《そんごく》の宝である。その生命に関わるがゆえに、教育こそが「人生最高至難《しなん》の技術であり芸術である」(2)と、厳粛に宣言されているのであります。

牧口先生と若き戸田先生との師弟の結実である『創価教育学体系』が発刊されたのは、一九三〇年(昭和五年)の十一月十八日です。

それは、関東大震災から七年後でした。さらに前年から世界恐慌の嵐が吹き荒れ、直前には日本の首相が国粋主義者から狙撃《そげき》されるという騒然とした時代でありました。

そうした渦中に、「一千万の児童や生徒が修羅《しゅら》の巷《ちまた》に喘《あえ》いで居る現代の悩みを、次代に持《も》ち越《こ》させたくない」(3)との断固たる決心をもって出版されたのであります。

平和を実現するなら子どもから

――宝の中の宝である子どもたちの生命を、絶対に守り抜くのだ。子どもたちを、断じて不幸にしてなるものか。子どもたちの幸福こそを第一義とするのだ――。

まさしく、乱世の真っ只中《ただなか》で、この師子吼《ししく》をもって、創価教育は誕生したのであります。

昨年（二〇一一年）三月の東日本大震災によって、あまりにも多くの尊き命が奪われました。御家族の悲しみは、いかばかりか。私は、毎日、懇《ねんご》ろに追善回向《ついぜんえこう》の題目を送らせていただいております。

言語に絶する悲劇の中から、後世への教訓を留《とど》めることが、失われたかけがえのない命に報いることになるならば、「釜石の奇跡」と呼ばれる事例は、その一つでありましょう。教育界にも大切な大切な教訓を残してくれました。

岩手県釜石市では、津波によって多くの犠牲者が出ました。

この耐え難い被害に遭いながら、市内の小・中学校のほとんどの児童・生徒が、津波から逃《のが》れることができたのです。

これは、学校にいた児童・生徒はもちろん、下校していた子どもたちも、多くが自分自身で判断して高台に避難したことによるものです。ここ数年、繰り返し行われてきた「防災教育」の賜《たまもの》でした。

自らの力で自分たちの大切な命を守り、何があっても互いに信じ、助け合いながら生き抜いていく――この「人間への信頼」「自立の心」を育むところに、人間教育の根幹があるといえましょう。

教育とは、大人が考える以上に子どもたちの心を錬磨《れんま》していくものであると、「釜石の奇跡」は、あらためて気づかせてくれました。

さらに今、復興へ刻苦奮闘《こっくふんとう》されている被災地の方々の励みとなっているのもまた、健気な子どもたちの明るい姿であると伺《うかが》っております。

もとより、大震災が子どもたちにもたらした衝撃は、言い尽くせないでしょう。

しかし、それでもなお、子どもたちは太陽の心を輝かせて、家庭に地域に、希望を贈ってくれています。

「被災地の学校に、再び子どもたちの笑顔が戻り、楽しく賑《にぎ》やかな快活な声が響いている。その平凡な日常が、実は何よりも尊く、何よりも素晴らしいことであると、心新たに感動しました」

こう東北の教育者の方が、語っておられました。

子どもたちを慈《いつく》しんでやまなかったインドの非暴力の英雄マハトマ・ガンジーは、明言しております。

「もし私たちが、本当に世界の平和を実現したいと願うなら、それは子どもたちから始めなければならない」(4)

「内なる灯火《ともしび》が輝くとき、それは全世界を照らす」(5)というのです。

子どもたちの幸福の「内なる灯火」を一人一人、今日も明日も、ともしながら、世界の平和へ、希望の光を広げていく炎こそ、教育本部の皆様方の熱情でありましょう。

教育は「子どもの幸福」のために

わが教育本部は、今、人間教育者モットーを掲げ、力強く前進しています。

一、「子どもの幸福」第一の教育者たれ！
一、人間革命の道を勝ち開く教育者たれ！
一、生命の輝きで実証示す教育者たれ！

牧口先生・戸田先生が体現された創価教育の精神は、ここに脈々と躍動しています。

第一項目の「幸福」とは、人から与えられるものではありません。

地位や財産を手にしても、それで幸福とは限らない。また、今、幸福のようであっても、それがいつまで続くかわからないのが現実です。

真の幸福は、どのような境遇にあったとしても、「今から」「ここから」、自分で創り出していくものです。

牧口先生は「子どもの幸福」を「価値創造の能力を涵養《かんよう》するにあり」(3)と示されました。つまり、子ども自身に「如何《いか》なる方面にでも活路を開拓して進行することの出来る能力を持たせんとする」[6]ことです。

自身の関わる子どもたち一人一人から、日々、この「幸福を創る力」すなわち「価値創造の力」を引き出していく教育の営みは、何と誇り高き挑戦でありましょうか。

それはモットーの第二項目にあるように、教育者自身の「人間革命の道」でもあります。そして、第三項目にある通り、わが「生命の輝き」を生き生きと放ちながら、子どもたちと共に学び、共々に成長し続けていくことでありましょう。

牧口先生は述べられました。

「教授の目的は興味にあり。智識《ちしき》そのものを授けるよりは、これより生ずる愉快と奮励《ふんれい》にあり」[7]

はじけるような学ぶ喜び、わくわくするような探求の楽しさを、子どもたちと分かち合う。そして新しい世界を広げながら、知恵と創造性を育んでいく学習の在り方が促されております。

多くの大人が、残念ながら、いつしか学ぶことをやめ、成長を止めてしまう中で、学びの場、成長の場に身を置いて、自らを向上させていけることは、教育者の特権であるといっても過言ではありません。

アメリカの民衆詩人ホイットマンは、理想の教育に関連して自身の教育者観を語りました。

「初めは、良き導き手となって一歩一歩を先導し、ただ書籍から教えようとするのではなく、自分で考え行動できるように、その心の働きを磨き鼓舞《こぶ》してあげることである。そして〝知を愛すること〟を教え込むことだ」(8)

ホイットマンは、教師としての経験もありました。たしかに、優れた授業は、一編の詩のように、若き心を鼓舞してやまない芸術そのものです。

とはいえ、現実は厳しいでしょう。特に、いまだ経験の浅い青年教育者の皆さんには、失敗や試行錯誤もあるに違いない。

しかし、偉大な教育者であられた牧口先生も、若き日には授業で悪戦苦闘する、皆さんと同じ青年教育者の一人であったことを、思い起こしていただきたいのであります。

牧口先生は、北海道尋常《じんじょう》師範学校（後の北海道教育大学）に学ぶ二十一歳の時、教員の欠員が出たため、急遽《きゅうきょ》、教生（教育実習生）として初めて教壇に立つことになりました。

牧口先生は、当時の心境を、率直に回想されています。

「生《うま》れて始めて教壇に上ったのであるから、その狼狽振《ろうばいぶ》りは思いやられる。それでもまあ子供等が云《い》うことを聞いたものだと、今でも冷や汗がでる」(7)と。

この折、牧口青年が一番、苦労したのが、綴り方（作文）の授業です。十分な知識や経験もなく、教科書もない中で、知恵を絞《しぼ》りながら、懸命に教案の作成に取り組みました。

実は、この時、牧口先生が必死に考案した綴り方の指導方法は、子どもたちが自らの力で作文が書けるよう、段階的な誘導を目指した、きわめて優れたものだったのです。のちに牧口先生は、この指導教案こそ、『創価教育学体系』の全編を貫く思想の中核になったと位置づけられています。

自ら「戦々恐々たる暗中模索の新米教師の初陣《ういじん》」(7)と述べた、若き日の渾身《こんしん》の挑戦が、やがて創価教育学の土台となり、源泉となったのです。

「創価教育の父」が、青年教育者の皆さんに、「今の苦労は必ず未来に花開くよ」と、限りない励ましを送ってくれていることを忘れないでください。

いかなる道であれ、最初から名人、達人と言われる人などおりません。皆さんは若いのです。失敗を恐れず、明るく、たくましく、前へ前へ進んでいけばよいのです。

法華経を実践する根本の魂は、「勇猛精進《ゆうみょうしょうじん》」です。

努力し抜く命に 人の努力は映る

社会事業の中で子どもの教育に携《たずさ》わった、アメリカの人権の母エレノア・ルーズベルトも語っています。

「人生に勇敢に真正面から取り組む人は、経験とともに成長するものです。人格は、このようにして築かれていくのです」(9)と。

教育者自身が常に前向きに創意工夫を続けている息吹は、そのまま子どもや生徒たちの心を勇気づけ、無言のうちに励ましとなるものです。

自分が努力し苦労している命には、人の努力や苦労も、鏡の如く映し出されます。わが生命の鏡を研《と》ぎ澄まして、子どもたちの頑張りを見逃さず、ほめてあげられる教育者でありたいものです。

子どもたちは、一生懸命に努力したことをほめられたり、喜ばれたりすることが、何よりも嬉しいものです。その時、子どもは幸福を実感するともいえましょう。

被災地の子どもたちも、自分たちの笑顔によって、皆が元気を取り戻す姿を見ることが嬉しい。だからこそ、つらくとも笑顔を見せてくれる。何と、いじらしいことでしょうか。

御書にも「ほめること」が持つ力について、「金《こがね》はやけば弥色《いよいよ》まさり剣《つるぎ》はとげば弥利《と》くなる」(一二四一ページ)と譬《たと》えられています。

子どもたちの生命に具《そな》わる、黄金のような善性も、宝剣のような才能も、大いにほめて伸ばしていきたい。

その子ならではの「よい点」や「頑張っていること」を見つけ出して、時に応じて真心こめて讃えていただきたいのです。

共に学び　共々に成長を

私は、牧口先生・戸田先生が敬愛してやまなかったアメリカの教育哲学者ジョン・デューイ博士をめぐって、デューイ協会の会長を務められた二人の碩学《せきがく》、ラリー・ヒックマン博士とジム・ガリソン博士と有意義な語らいを重ねてきました。

デューイ博士の教育哲学の中心は、「成長」であります。

お二人との鼎談《ていだん》では、その「成長」とは、人と人との関係を通し、社会の中で磨き深められていくものであり、個人の成長は自《おの》ずと他者の成長、社会の成長にも寄与《きよ》するものであることを語り合いました。

一人の「個人の成長」が「他者の成長」を促し、周囲や社会の成長をも促していく――まさに、偉大なる「人間革命」の原理です。

ゆえに、教師自身が成長すれば、子どもたちも必ず成長します。また、教師自身が成長するためには、子どもたちの成長に学ぶことです。

教育は「共育」――教師も生徒も共に育って、成長していくことなのです。

自身も大教育者として、多くの青年を育ててこられたガリソン博士は、こう語られていました。

「教師は生徒たち一人一人を観察し、実験を試み省察《せいさつ》して、彼らのことを学びながら、あくまでも思いやりのある深い共感を持たなければなりません。

よき教師は、生徒たちと一緒に学ぶことを、また生徒たちについて学ぶことを、大いに楽しむものです」(10)

「子どもたちから学ぼう」「一緒に成長しよう」とすることは、一人一人の人格を最大に尊重することになる。その心は、必ず伝わります。

「子どもを尊重せよ」「子どもの考え方にたいして、その仲間であり、子どものもつ友情にたいして、友であれ」(11)

これは、アメリカ・ルネサンスの哲人エマソンの呼びかけでした。

一人の人間として、大切な友として、子どもたちに接する時、その子が自分でも気づいていない長所まで如実《にょじつ》に見えてきます。

教師の信頼と期待にあふれた一言一言こそ、子どもたちを大きな自信と安心感で包み、その可能性を伸びやかに開花させていく力となるでしょう。

いわんや皆さんは、自他共の生命を最高に光り輝かせていける大哲学を持っています。

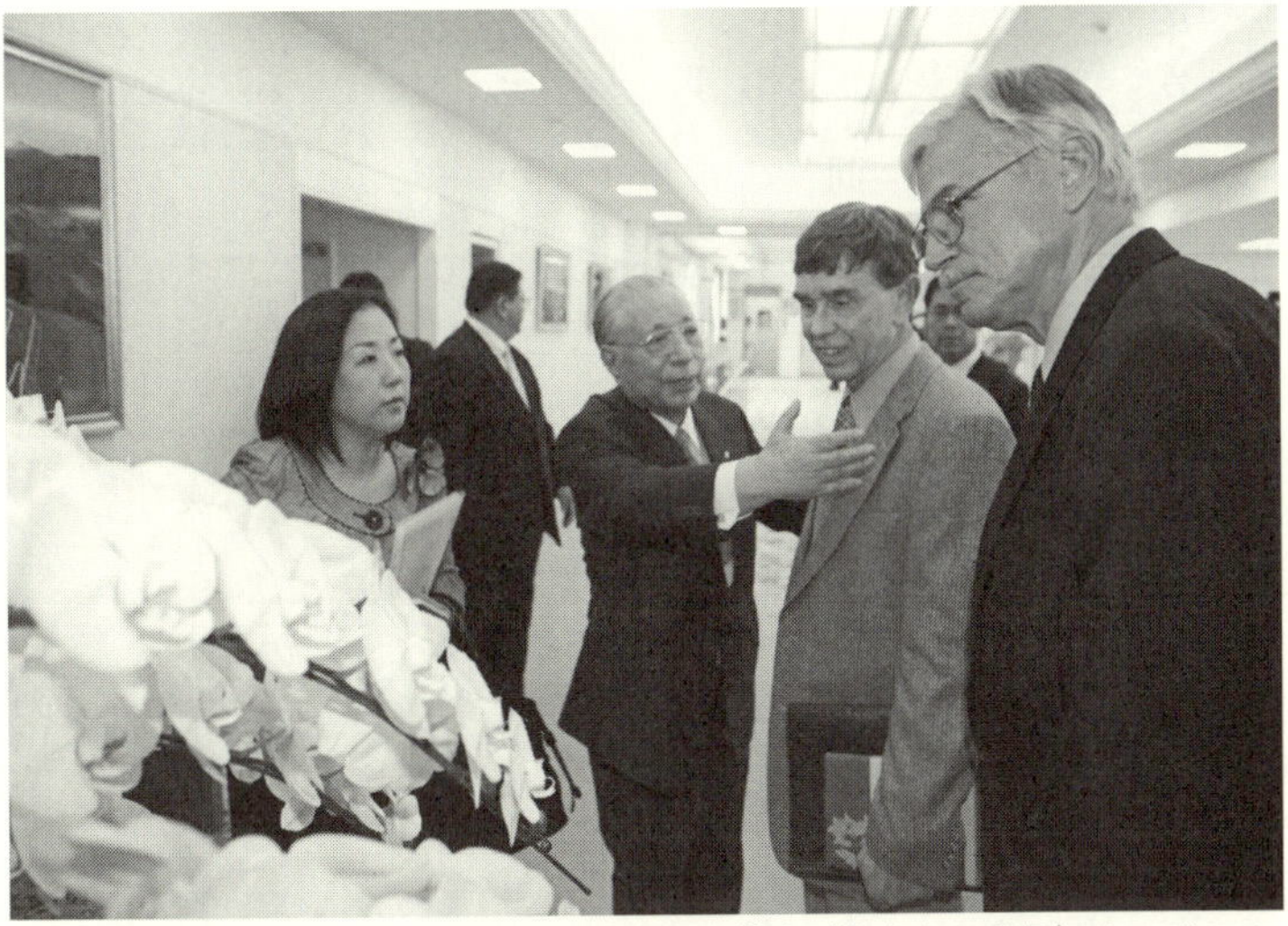

デューイ協会の歴代の会長を務めたガリソン博士（右から２人目）、ヒックマン博士（右端）と（2008年、長野研修道場で）

「一生成仏抄《いっしょうじょうぶつしょう》」に、こう仰せであります。

「只今も一念無明《いちねんむみょう》の迷心《めいしん》は磨《みが》かざる鏡なり是《これ》を磨かば必ず法性真如《ほっしょうしんにょ》の明鏡《みょうきょう》と成るべし、深く信心を発《おこ》して日夜朝暮《にちやちょうぼ》に又懈《おこた》らず磨くべし何様《いかよう》にしてか磨くべき只南無妙法蓮華経と唱へたてまつるを是をみがくとは云《い》うなり」（御書三八四ページ）

日々、妙法を朗々《ろうろう》と唱えゆくことは、わが生命を明鏡の如《ごと》く磨き上げていく力です。毎日、太陽が新鮮な陽光を放ちゆくように、信仰は、どんなに厳しい試練の時にも、決して負けない「生命の輝き」を発《はっ》していく究極の光源なのであります。

　とともに、心がけていきたいことは、身近な存在である経験豊富な先輩をはじめ、良き教育者から学ぶことでしょう。

若き日の牧口先生が、綴り方の授業に挑戦した際、当時の北海道尋常師範学校附属小学校の主事（現在の校長職）であった岩谷英太郎先生が、高く評価してくれました。牧口先生の教案は、〝子どもが作文の出来ない原因を巧みに見抜いている。これは、他のあらゆる学科にも通じる〟[7]とほめてくれたのです。

それが、大きな励みになったことを、牧口先生は終生深く感謝されていました。

かのデューイ博士も、シカゴ大学の実験学校（付属小学校）などで、現場の先生たちと苦楽を分かち合い、共に学び合った。その中で、大きな啓発を受け、自らの教育哲学を鍛え、発展させていったのです。だから深かった。

昨今、教育現場は多忙を極め、職場の上司や同僚に相談したくても、互いに時間に追われて相談できず、孤立してしまう場合も少なくないと伺っています。その意味で、教育本部の先輩・同志は、何ものにも勝《まさ》る、ありがたい存在です。

長年、教育本部の皆様が積み重ねてこられた教育実践記録は五万事例を突破しました（二〇一五年九月現在、八万五千事例を突破）。さらに月刊誌「灯台」に連載されている実践記録集「『教育の世紀』の若き太陽」も教育界から注目されています。その一つ一つに、教育現場の生きた知恵が光り、困難を勝ち越えた尊いドラマが結晶しています。

こうした先輩方の実証は、青年教育者の皆さんにとって得難《えがた》い手本であり、励ましです。

ぜひとも学んでいただきたい。また信頼できる「教育名誉会」（退職教育者の集い）の大先輩もおられます。遠慮なく相談していただきたいのであります。

何があっても強く朗らかに

大事なことは、一人で悩みを抱えないことです。先輩たちも、皆、悩んだのです。皆さんは、一人ではありません。孤独になって、悩みに押し潰《つぶ》されてはならない。乗り越えられない壁など、絶対にないのです。

何があっても、頭《こうべ》を上げ、胸を張って、強く朗らかに生きることです。自分のために！そして、愛する子どもたちのために！

私は、宮城県の被災地で奮闘する一人の女性教育者の話を伺いました。彼女が勤務する中学校は、津波で甚大な被害を受け、大切な教え子も犠牲になりました。

いったい、どうすればいいのか――悲嘆に暮れ、呆然《ぼうぜん》とする彼女を支えてくれたのは、母校の創価大学・関西創価高校の旧友たちの励ましでした。日本中、さらに世界からも真心のエールが連日、届きました。

懐かしい友の声に触れ、自身の胸のうちを聞いてもらうと心が落ち着き、勇気がわいてくるのを感じたそうです。「子どもたちのために、自分がまず立ち上がろう！」と。

今、その彼女に続き、生徒たちもまた深い悲しみから立ち上がって、成長しているといいます。

デューイ博士は語っています。

「一人の人間が、或《あるい》は、一群の人々がなし遂げたことが、それに続く人々にとっての、足場となり、出発点となる」(12)

わが教育本部の方々が、地道にして誠実な努力によって開いてこられた前進の歩みは、現代の暗き世相に大いなる希望を贈り、未来を開く不滅の足跡となるに違いありません。

若き皆さん方は、この麗《うるわ》しき人間教育の連帯の輪を、さらに大きく広げながら、スクラムを組んで勇気凜々《りんりん》と進んでいっていただきたい。

デューイ博士の名著『民主主義と教育』では、次のような視点が示されています。

「社会的観点から見れば、依存性は弱さよりむしろ力を意味するのであり、それは相互依存を伴うのである」(13)

相互の関係性の中で人間の成長をとらえていたデューイ博士は、個人が自立して人から頼りにされることを重視していました。さらに、人を頼りにすることも「弱さ」ではない。むしろ独善を排して連帯を強める「力」であると考えたのです。

支え合い、励まし合って生きるのが、人間です。そこに人間性の源泉もあります。

御書には「されば仏になるみちは善知識《ぜんちしき》にはすぎず、わが智慧なににかせん、ただあつ《温》きつめたき《寒》ばかりの智慧だにも候《そうろう》ならば善知識たいせち《大切》なり」（一四六八ジ《ペー》）と説かれております。

また、「麻の中のよもぎ《蓬》・つつ《筒》の中のくちなは《蛇》・よき《善》人にむつぶ《睦》もの・なにとなけれども心も・ふるまひ《振舞》も・言《ことば》も・なを《直》しくなるなり」（一五九一ジ《ペー》）と仰せです。

この世の希望であり、未来の宝である子どもたちのために悩む――何と尊く誇り高い悩みでありましょう。それ自体が、地涌《じゆ》の菩薩《ぼさつ》の悩みであります。「煩悩即菩提《ぼんのうそくぼだい》」の法理に照らし、悩みは智慧に変わります。子どもたちや、その家庭の幸福と安穏《あんのん》を祈ることは、仏の祈りであります。

ゆえに、青年教育者の皆さんに、きょうも、希望あれ！　勇気あれ！　連帯あれ！　成長あれ！　そして、皆さんこそ混迷《こんめい》の時代を照らす「教育の世紀の太陽」であれ！　と願ってやまないのです。

第2回　教師こそ最大の教育環境なり

教育は子どもを信じ抜く戦い

「教師こそ最大の教育環境なり」――これは、私が教育本部の皆さん方と深く共有する信念です。

まもなく卒業の季節を迎えます。若き命は、学校から巣立っても、お世話になった先生のことは、いつまでも忘れないものです。皆さんの中にも、そうした先生との出会いが教育者を志すきっかけとなった方がいるでしょう。

私も、この年代になってなお、小学校で担任してくださった先生方のことを、尽きることのない感謝を込めて思い起こします。手島《てじま》先生、日置《ひおき》先生、竹内《たけうち》先生……先生方が着ていた服の色合いまで、鮮やかに記憶に蘇《よみがえ》ります。

小学五、六年生の担任であった檜山浩平《ひやまこうへい》先生は、当時、二十五、六歳。今の皆さん方と同じく、情熱に溢《あふ》れた青年教育者でした。

ある日の授業中でした。私のすぐ後ろに座っていた同級生が突然、具合が悪くなって嘔吐《おうと》してしまいました。皆、びっくりして、教室中が大騒ぎになりかけました。その時、先生は、すばやくその子のもとへ駆け寄り、介抱しながら、凛《りん》とした声で呼びかけました。

「みんな静かに！　大丈夫だよ」

その声に安心して、クラスは落ち着きを取り戻しました。さらに先生は、ぞうきんを使って手際よく掃除してくださったのです。

先生は、とっさの出来事にも少しも慌てず毅然《きぜん》と、しかも、こまやかに、行動してくださいました。

「先生はすごいな！」

私の心に、深い感嘆とともに、リーダーの一つの手本が生き生きと刻みつけられました。

現在（二〇一二年三月）、私は、中国教育学会の会長を務められる大教育者・顧明遠《こめいえん》先生と対談を進め、中国と日本の教育の課題、また人間教育の理念と実践などを巡り、意見を交換しています。

両国の教育交流に早くから尽力されてきた顧先生は、福島県にも度々《たびたび》訪問されており、東日本大震災にも心からのお見舞いを寄せてくださいました。

「福島県の美しい風景、文化教育を今も印象深く覚えております」(1)と振り返られ、参観された模範的な環境教育への感銘も語っておられました。

私と同年代の顧《こ》先生は、戦争で苦しんだ少年時代に、厳《げん》として守り育んでくれた先生方への感謝を語られながら、「教育の大計は教師が根本です」(1)と力説されておりました。

教師の役割について、〝子どもたちを愛し、正しい教育方法を常に探求し、知識と人格の両方を育てること〟と指摘されるとともに、「教師の生徒への愛は、親子の血縁を超えて、民族への愛であり、人類の未来への愛の表現なのです」(1)とも強調されています。

顧先生が大震災の被災を案じておられた福島でも、教育本部の方々が、まさに、わが子にも勝《まさ》る愛情をもって、子どもたちを厳然と守り、育まれています。昨年(二〇一一年)秋の「東北人間教育フォーラム」で、代表の方が行《おこな》った素晴らしい実践報告の内容にも、私は感動に胸を熱くしました。

東北をはじめ全国、全世界で、わが創価の若き人間教育のリーダーたちは、児童・生徒への慈愛を真剣な祈りに込めて、日々努力を重ねています。

祈りから朝をスタートし、満々たる生命力を湛《たた》えて、使命の最前線に颯爽《さっそう》と躍り出る。ここに「仏法即《そく》社会」「信心即生活」という日々の充実と勝利を開く根本があります。

ある年の春、大学を卒業して教育者としてスタートする学生部の友に、私は、朝の勤行の時に三つの具体的な祈りを心がけるよう、アドバイスをしたことがあります。

第一に「全生徒から信頼される先生にさせてください」

第二に「全教職員から信頼される先生にさせてください」

第三に「全保護者から信頼される先生にさせてください」

――以上の三点です。

心は自在です。祈りも自在です。

たとえ新任の教員であっても、祈りを通して、「生徒」「教職員」「保護者」という三つの次元から、学校全体のことを、わが一念に納《おさ》めながら、力強く新風を起こしてもらいたい――そうした願いを託した指針です。

今回は、この三点を敷衍《ふえん》しながら、今春から教壇に立つフレッシュマンをはじめ、青年教育者の皆さんの何らかの参考になればとの思いで、所感を綴らせていただきます。

第一は「全生徒（全児童）からの信頼」です。

子どもからの信頼を勝ち取るには、まず、自分が子どもを信頼することです。すなわち、一個の人格として尊敬し、その可能性を信じ抜くことです。どんな子どもに対しても、公平にこの姿勢を貫いていく時、「一人」の心と、信頼の絆が結ばれる。それが「全生徒からの信頼」に広がります。

どの子も公平に 人間として尊重

私が共に対談集を刊行したデンマークの著名な教育者へニングセン博士（国民高等学校アスコー校・元校長）が、教師として心掛けるべきことの第一に挙げておられたことがあります。それは、「才能、能力、考え方に関係なく、あらゆる学生を人間として尊重しなければならない」(2)という点です。

現代社会は、効率が優先される社会です。いわゆる〝優勝劣敗《ゆうしょうれっぱい》〟の原理が働き、さまざまな格差が増幅《ぞうふく》されてしまう面があります。

学校も、そうした現実社会の冷たい風波《かざなみ》から免《まぬか》れることはできないかもしれません。しかし、教育者の慈愛が脈打つ教育現場には、一切を超克《ちょうこく》して、凍《こご》えた子どもたちの心を抱きかかえて、温める人間の情熱があります。

それこそが「信頼」の力ではないでしょうか。

創価教育の父・牧口常三郎先生は、若き日、辺地で貧困に苦しみ、恵まれない境遇の子らの教育に体当たりで取り組みました。

当時、最も光の届かない家庭の子どもたちでした。

だからこそ、若き熱血の教員・牧口青年は叫んだのであります。

デンマーク・国民高等学校アスコー校のヘニングセン元校長が第１号の「アスコー教育貢献賞」を池田大作先生に授与（2000年、聖教新聞本社で）

「等しく生徒なり、教育の眼《まなこ》より視《み》て何の異なる所かある」
「彼等の唯一の庇蔭《ひいん》（＝庇《かば》ってくれる存在）は教師あるのみ」[3]

世間の眼差《まなざ》しがどんなに冷酷であろうとも、「教育者の眼」は子どもの尊厳と可能性を信じ抜いていくのです。

社会の烈風がどんなに荒れ狂おうとも、「教育者の慈愛」は子どもを断固として守り、未来への道を開き切っていくのです。

自分のことを見捨てず、信じ抜いてくれる先生がいる――そう思えることが、子どもたちにとって、どれほど生きる勇気となり、伸びゆく力となるか、計り知れません。

学校には、勉強の成績という大きな物差しがあります。もちろん学びの場である以上、大事な基準であることは間違いありません。

ただし、未来への無限の創造力を秘めた若き生命の全体に光を当てるならば、それは、あくまでも現時点での一つの物差しに過ぎない。

創価学園に一期生が入学した年の師走、私は成績が伸び悩んで、進級が危《あや》ぶまれる高校生たちと面談し、励ましを贈ったことがあります。

当初、生徒たちは、叱られるのではないかと緊張してやってきました。私は、その心をほぐしながら、体調や通学時間のこと、家の状況など、具体的に尋ねていきました。何か勉強の妨《さまた》げになっている問題があれば、できる限りの応援をしたかったからです。その中で、本人たちが自分から「勉強、頑張ります！」と決意を語ってくれました。

私は、「成績が悪かったからといって、卑屈になってはいけない。今度こそ、今度こそと、挑戦していくんだよ」「得意科目をつくろう」「一ミリでも、二ミリでもいい。決してあきらめずに努力して、前進していくことが大事だよ」と勇気づけました。

一人一人が、それを一つの転機として発奮してくれました。猛勉強を重ねて、やがて堂々たる大学教授となった友もいます。

しかも、何より嬉しいことは、わが学園生たちが、そうした社会的な肩書に傲《おご》るのではなく、悩み苦しむ庶民の人間群に飛び込んで、世のため、人のために、泥まみれになって戦い続けてくれていることです。

私は、学園生や創大生、また学園・創大を受験してくれたメンバーをはじめ、若き友を一人また一人と見守り、その成長と勝利を祈り抜いてきました。ゆえに、大確信をもって言い切れることがあります。

それは、「どの子も必ず伸びる」「人間はみな成長できる」「生命はもっともっと光り輝かせることができる」ということです。そして、ここにこそ人間教育の希望があり、ロマンがあると、私は信じています。

「教育のための社会」の旭日に

学校全体の調和と発展を願う青年教育者の祈りは、児童・生徒を包み、さらに、その子どもたちに関わる教職員にも広がっていくものでしょう。

祈りの第二の項目は、「全教職員からの信頼」です。

教育現場は、教育という「総合芸術」の舞台です。共に働く教員の方はもちろん、とくに、学校を陰で支えてくださる職員の方を大切にすることを心がけていきたい。

学校は、ともすれば教員が主《しゅ》、職員が従《じゅう》になりがちです。しかし、職員の方々の尊き陰徳《いんとく》の支えなくして、子どもたちの健《すこ》やかな学校生活も、学校の確かなる運営もできません。陰の人を大切にする感謝の心こそ、学校という世界を信頼で結合し、麗《うるわ》しき人間教育の園とする力ではないでしょうか。

二〇〇一年、カリフォルニア州オレンジ郡に開学したアメリカ創価大学（SUA）も、実に多くの方々の真心があればこそ、目覚ましい大発展を遂げることができました。

学生生活の一切の原動力である食事を担当する学内食堂のスタッフも、食習慣の異なる世界の各国から集った学生たちのためにと、それはそれは真剣に心を配り、工夫を凝《こ》らしてくださっています。

その中に、〝SUAのお母さん〟と慕われる調理スタッフの婦人がいました。「わが命である学生を、よろしくお願いします」との私の心に応えて、五十代から大学の調理科で学び磨いた料理の技と、心づくしの〝おふくろの味〟で学生たちを力づけてくれたのです。体調を崩して寮で心細《こころぼそ》く寝込んでいる時、このお母さんの温かな差し入れに感涙《かんるい》した学生など、エピソードは枚挙に暇《いとま》がありません。

昨年（二〇一一年）、SUAの卒業生たちは、このお母さんの十年間の勤務に最大の尊敬と感謝を込めて、同窓生の総意として、真心からの賞を贈呈したと聞いています。

最先端の学識への旺盛《おうせい》なる探究とともに、お世話になった方々の恩義に報いていこうとする豊かな人間性の涵養《かんよう》が、ＳＵＡの誇り高き伝統となって光っています。

ＳＵＡを訪問した多くの世界の識者の方々も、この点に注目しておられました。連載の第一回でご紹介したデューイ協会のガリソン博士は、学生や教授陣が、大学の職員と親しく心を通わせ、対話を交わす姿を見て、「これだけでも私は、ＳＵＡが実に素晴らしい学舎《まなびや》だと感じました」(4)と、私との対談で語っておられました。

ともあれ、それぞれの学校に、目立たなくとも、なくてはならないスタッフがいます。そうした方々と共に手を携《たずさ》えていく中で、多くのことを学び、自らを省みることができます。そとともに学校は、どの職場にもまして、朝が勝負です。「朝に勝つ」こと、そして「清々《すがすが》しい挨拶」から一日を出発していきたいものです。

御書に「釈尊《しゃくそん》の出世《しゅっせ》の本懐《ほんかい》は人《ひと》の振舞《ふるまい》にて候《そうらい》けるぞ」（一一七四ジペー）とあるように、仏法では「人の振る舞い」を重視します。善《よ》き人間としての善き「振る舞い」ができてこそ、真実の人間教育は可能となりましょう。

さらにまた、自らの教育技術の向上に徹して取り組むことです。

牧口先生は「いわゆる劣等生とは、みんなが勝手にいっているにすぎない。子どもたちに、考える基本をしっかり教えたうえで、その能力を発揮させれば優等生になるのだ」と主張されました。教授法を徹底して研究し、発展させることを、教師の本分とされたのです。

教師の努力と知恵によって、子どもたちの学力は大いに伸ばしていくことができるからです。

現在、自分の夢だった新聞記者として活躍する青年の話を聞きました。転機は小学四年生の時です。当時は、勉強が大の苦手でした。担任の先生は、宿題の出来具合にそって、〝花丸〟の印を付けてくれたといいます。よくできたら一個、さらに三個、五個と。花丸が多い人の宿題は、みんなが見えるところに掲示されました。

他人との比較ではなく、子ども一人一人の頑張りを受けとめて、讃えてくれたのです。掲示されるのがうれしく、誇らしくて、どんどん宿題をするようになり、気がつけば学力が伸び、勉強が好きになっていたといいます。

本来、子どもたちは、皆、わかりたい、知りたいという向学の心を持っています。その思いを、どう引き出し、どう応えていくか――ここに、経験を積み、創意を重ねながら、鍛え上げていく教育技術があります。

よき先輩教員からも大いに吸収し、よき同僚と大いに切磋琢磨していくことです。開かれた向上の姿勢があってこそ、周囲の教職員から信頼を勝ち取ることができるのです。

第三に「全保護者からの信頼」です。

御聖訓には「大悲《だいひ》とは母の子を思う慈悲《じひ》の如《ごと》し今日蓮等の慈悲なり」（御書七二一ジペー）と仰せです。

教育の起点が、子を育む母の慈愛にあることは、あらためて申し上げるまでもありません。子どもの幸福の大地は、家庭から広がります。子どもたちを学校へ送り出してくれる保護者の方々との信頼と連携は、誠に重要です。

ある女性教育者の奮闘を伺いました。

担当のクラスは荒れていました。一人の男子児童が中心となって乱していたのです。この子さえいなければと思いつめるまで、気持ちが追い込まれたこともあるといいます。

しかし、祈りを重ねるなかで、問題を抱えた家庭に育ち、そのストレスのために学校で暴れていた、児童の心が痛いほど伝わってきました。

一番苦しんでいるのは、その児童自身であることに気付いたのです。

「よし！　私自身が、あの子の一番の安全地帯になろう。すべてを受け止めていこう」と決心し、毎朝、自分から声をかけ、できたことはすぐにほめるようにしたそうです。帰る際には、どんなことがあっても笑顔で見送ったといいます。

また、その子の良い面を見つけては、一つ一つ、親御さんにも伝えるようにしました。

親御さんは、当初、子育てに自信を失っていましたが、明るくなって、学校にも相談に来るようになりました。

　すると、その児童は目に見える形で変わっていきました。友だちに謝れるようになり、仲良く過ごせるようになっていきました。親御さんも、「息子はこの一年間で本当に変わりました。たくさんお手伝いしてくれ、笑顔が増えました。本当にありがとうございました」と、涙を流し語ってくれたそうです。

　教育は、学校制度の中だけで行うものではありません。

　家庭、地域、社会……子どもたちを取り巻く環境を、その子の教育のために、最善の環境にしていくこと――私は、それを「教育のための社会」の一側面として提言してきました。

　学校と家庭、学校と地域、それぞれが声を掛け合い、力を合わせて、子どもたちを守り、育んでいくこと。そのチームワークが、今ほど要請される時代はありません。良識豊かに学校と教師を支えていく保護者の協力も、ますます大事になっています。

　保護者から教師への信頼は、教師が安心して子どものために尽くせる自信となります。

　一般社会に、いわゆるクレーム（苦情）が渦巻いている世相のなかで、学校に寄せられる声にも、さまざまなものがあることでしょう。

　教師の人知れぬ苦労を、保護者をはじめ社会全体が理解し、温かくサポートしていくことを、忘れてはならないと私は思います。

そのうえで青年教育者の皆さん方に、お願いしたいのは、一つ一つが勉強であると心を定めて、誠実に、聡明に、毅然《きぜん》と、そして忍耐強く、「子どもの幸福」のため、家庭と共に前進していくことです。

また、若い教育者である皆さんには、自分自身が一人の子どもとして親孝行をしていただきたい。その努力は、保護者の心の機微《きび》を理解し、汲《く》み取ることにも通ずるはずです。「親を思う子の心」と「子を思う親の心」は響き合わないわけがないからです。

ある時、第一線で苦労を重ねる先生方と、語り合ったことがあります。

――仏法の〝永遠の生命観〟から見れば、今世《こんぜ》で出会う人は、すべて何らかの宿縁《しゅくえん》がある。うんと手のかかる子や、難しい保護者の方などは、自分がきっと過去世に何かでお世話になった方と思い、その恩返しと決めて、真心込めて接していこう。それくらい、大らかな悠々たる気持ちで、人間教育の聖業を断行していこうではないか、と。

御書には、こう仰せであります。

「一度《ひとたび》妙法蓮華経と唱《とな》うれば一切の仏・一切の法・一切の菩薩《ぼさつ》・一切の声聞《しょうもん》・一切の梵《ぼん》王《のう》・帝釈《たいしゃく》・閻魔法王《えんまほうおう》・日月《にちがつ》・衆星《しゅうせい》・天神《てんじん》・地神《ちじん》・乃至地獄《ないしじごく》・餓鬼《がき》・畜生《ちくしょう》・修羅《しゅら》・人天《にんてん》・一切衆生《しゅじょう》の心中《しんちゅう》の仏性《ぶっしょう》を唯一音《ただいちおん》に喚《よ》び顕《あらわ》し奉《たてまつ》る功徳《くどく》・無量無辺《むりょうむへん》なり」（五五七ページ）

私たちの唱える題目には、ありとあらゆる人の生命から、仏性《ぶっしょう》という最極の善性を呼び覚ましていく響きがあります。朝の強盛《ごうじょう》なる祈りから、「子どもの幸福」という大目的に向かって、全生徒、全教職員、全保護者の力を引き出し、結集しゆく、希望の回転が着実に始まるのです。

大事なことは、毎日毎日、太陽のように、たゆまず、我慢強く持続していくことでしょう。

どうか、「祈りとして叶《かな》わざるなし」の信心を根本に、大仏法の「勇気の力」「忍辱《にんにく》（忍耐）の力」「随縁真如《ずいえんしんにょ》の智慧」を光らせ、一つ一つ〝勝利の実践記録〟を打ち立てていってください。

青年教育者のはつらつたる挑戦が、みずみずしい教育環境を創造します。ここにこそ未来を照らす偉大なる旭日《きょくじつ》があると、私は確信してやみません。

第3回　地域社会に教育の陽光を

相談できる先生は「希望の灯台」

日蓮大聖人が教えてくださった金言《きんげん》に、「陰徳《いんとく》あれば陽報《ようほう》あり」（御書一一七八ページ等）とあります。陰で人知れず善の行動を積み重ねた人こそが、必ず最後は真実の栄光に包まれるという、生命の厳たる因果の理法であります。

私は、この「陰徳あれば陽報あり」の仰せを、「立宗《りっしゅう》の日」（四月二十八日）を記念して、妙法の人間教育者の皆様方にあらためて捧げたいと思うのであります。

人を育てること、人を励ますこと――それは、まさしく、たゆみない「陰徳」の労作業だからです。

教育は、人間それ自身、なかんずく若き多感な生命に関わっていく聖業であるがゆえに、言い知れぬ労苦の連続でありましょう。時として、こちらの誠意がなかなか通じないこともある。思うように目に見える結果が出ないこともある。真心の努力が報《むく》われず、割に合わないように思えることもある。

それでも悪戦苦闘を突き抜けて、ただただ子どもたちの生命の可能性を信じて、祈り抜き、尽くし抜いていく。見返りなど欲せず、賞讃など求めようともしない。しかし、必ず必ず「陽報《ようほう》」は現れます。

時が来れば、たとえば、目を見張るような子どもたちの成長となり、奇跡のような勝利の晴れ姿となって光るでしょう。また、教え子たちや、その家族からの消えることのない感謝と敬愛となって還《かえ》ってくることもあるでしょう。

そして、自らの蒔《ま》いた「陰徳《いんとく》」の種が大樹となって育ちゆく未来を見つめながら、尽きることのない喜びと充実と満足に包まれていくのではないでしょうか。

この生命の宝冠こそ、人間教育者の偉大なる「陽報」なりと、私には思えてなりません。

その尊き模範が、教職を立派に勤め上げ、豊かな経験を生かしながら、地域社会の依怙依託となって活躍してくださっている、わが創価の「教育名誉会」の方々であると、私は声を大にして申し上げたいのであります。

「教育名誉会」の先生方の大きなサポートをいただきながら、わが教育本部は、社会的な活動として、「教育相談室」と「人間教育実践報告大会」(人間教育フォーラム)を、力強い両輪として推進してきました。それぞれに多忙を極めるなか、この活動にボランティアとして時間を割《さ》いてくださっている皆様方に、本当に頭が下がります。

「教育相談室」は、今年（二〇一二年）で開設四十四年になります（二〇一四年に「未来部育成相談室」に改称）。

設置された一九六八年（昭和四十三年）の当時は、ベトナム戦争が続き、人権運動の闘士キング博士が暗殺され、東欧の「プラハの春」は踏みにじられ、アフリカのビアフラでは子どもたちが飢餓《きが》に苦しんでいました。日本は高度経済成長で、こぞって富の豊かさを追求する一方、公害が深刻化し、大学での学園紛争も激しさを増して、青少年の心が揺れ動く真っ只中《ただなか》でした。

このとき私は、長年、教育現場での難問に全力で奮闘されてきた熟練の先生とじっくり懇談しました。その苦労を伺い、功労を讃えながら、私は「あなたの貴重な経験・知識を、地域で生かしてみてはいかがですか」と提案しました。やがて、第一号の「教育相談室」が、東京に誕生したのです。

教育はあくまでも普遍性の次元ですから、信仰の有無を問わず、地域社会に広々と開かれた相談室としてスタートしました。本年三月には、大分県にも開設され、現在は全国三十五カ所にまで発展しています。来談者の総数も、三十六万七千人を超えました（二〇一四年末までの相談人数は、のべ三十八万八千七人）。

御書には、「植えた木であっても、強い支柱で支えれば、大風《おおかぜ》が吹いても倒れない」（一四六八ジペー、通解）と説かれています。

良き教育者が身近で見守ってくれていて、いざという時に相談できるということは、何より心強い支えではないでしょうか。

相談内容は、当然、一律ではなく、さまざまなケースがあります。一人一人の話に真摯《しんし》に耳を傾け、時には、お子さん方と一緒に遊んだり、運動したりしながらと、工夫を凝《こ》らし、誠心誠意、取り組んでくださっています。

何度も面談を重ねて、一歩ずつ、よりよく変化していくことを粘り強く見守り続けていくなかで、お子さん自身が大きな成長のきっかけをつかむことができたという、嬉しい報告も届きます。

また、すれ違っていた母と子の心の距離を縮める機会ともなる。さらには、父親とも関わることで、家族全体が大きく変わることができ、好転していったケースも少なくないようです。

「教壇の教師」と「地域の先生」と

愛するお子さんのことで悩む保護者にとって、どうしていいのか分からない状況に追い込まれてしまったとき、教育本部の皆様方からの的確なアドバイスが、どれほど〝希望の光〟となっていくことか。

「地域の希望の灯台」とは、教育相談室を担当してくださっている先生方にお贈りした言葉です。相談室は、文字通り、暗夜《あんや》の荒海を照らす「希望の灯台」のような光を放っています。

現在、相談事例の七割を占めるのは、「不登校」に関することだと伺いました。原因はそれぞれ、さまざまだと思いますが、子どもを取り巻く社会自体が閉塞《へいそく》している昨今の時代状況のなかで、お子さん方も親御さん方も、どんなに苦しんでおられることか。そうしたご家族に応援の手を差し伸べる意義は、あまりにも深く、尊い。

「教壇の教師」として、また「地域の先生」として、誇りも高く献身してくださる皆様方に、最大の敬意と感謝を表します。

教育相談室は、幅広い年齢層が対象となっています。

異なる一つ一つの状況に合わせ、丁寧に対応していくことで、現実に子どもが学校に戻ることができた事例も、数多くあります。親も子も、真心のサポートを得て、苦境を乗り越える力を湧きたたせ、強く朗らかに成長することができたのです。

このたびの東日本大震災の被災地では、子どもたちの心のケアが叫ばれています。仙台教育相談室のメンバーが、避難生活を送る子どもたちのもとを訪れ、一緒に遊ぶなど楽しい交流のひとときに、明るい歓声が響いたと伺いました。

悩む心に寄り添い、誠実に傾聴する皆様方の振る舞いは、菩薩《ぼさつ》そのものです。

日蓮大聖人は、菩薩について、「自身を軽《かろ》んじ他人を重んじ悪を以《もっ》て己《おのれ》に向け善を以て他に与えんと念《おも》う者」（御書四三三ジペー）と仰せになられました。

人々の苦しみや悲しみに同苦し、自らが労苦を引き受けて、皆に希望と勇気を贈っていく戦いこそ、菩薩の真髄《しんずい》です。

それは、教育相談室に脈打つ精神そのものなのです。

ある中学生は、いじめから不登校になりました。母と一緒に、すがるような思いで教育相談室に行きました。

迎えてくれた担当の先生は何も問い質《ただ》そうとはせず、常に優しい笑顔で、一緒に楽しく卓球をしてくれたといいます。

「この先生は味方だ。全てを受け入れてくれる人なんだ」——その安心感を支えに、高校へ進学し、歯を食いしばって通い抜きました。その後も専門学校で学び抜いて、立派に介護士の資格を勝ち取りました。

「あの苦しんだ日々があるから、今の自分がある。今、自分が生きているのは、あの先生のおかげです。恩返しをしたい。自分も人のために役立つ仕事をしたい」との誓いからです。今は、同じ悩みを抱えた後輩たちのためにも、教育本部の方々と手を携《たずさ》えて献身してくれています。

「一つ一つ勉強し、研修しながら、悩める子どもや親たちの相談を受け止めてこられた教育相談室の皆さんのご努力に心から敬意を表したいと思います」等と、識者の方からも多くの声が寄せられています。

この教育相談室の活動が、時代に即応しつつ、地域の教育力の向上に、ますます重要な貢献を果たしていかれるよう期待しています。

「よき実践」こそ最高の教育理論

「教育相談室」とともに、新生の波動を広げている社会的活動が、「人間教育実践報告大会」や「教育セミナー」です。

全国レベルの人間教育実践報告大会は、一九七六年(昭和五十一年)に開かれた東京・立川での第一回大会から、これまで(二〇一二年四月)に三十四回の歴史を重ね、各地で方面・県単位の大会も行われてきました。

発表される教育本部の先生方の奮闘の模様が、毎回、大きな感動と共感を呼んでいます。当代一流の識者の方々からも、その意義を深く汲《く》みとった講評をいただいています。「外から与えられた教育理論ではなく、子どもと直接触れ合い、だれよりも子どものことを知る教師の実践に裏打ちされた教育理論こそ今、必要なのです」と言われ、教育本部が蓄積してきた「慈愛」と「知恵」と「勇気」の三つの〝実践知《じっせんち》〟を高く評価してくださる先生もおられます。

また、ある先生は、「素晴らしい実践は、即、素晴らしい理論です」と賞讃してくださっています。

〝実践即理論〟――個々の教育者の「実践」が「理論」として共有されれば、また新たな「実践」を生み出していく力となります。一人一人の教育現場での経験から、必ず良き知恵が触発され、さらに現場で生かされていきます。

「教育社会にも一顧《いっこ》されない様な旧来の教育学を棄《す》て、新しい教育学を実証的、科学的に蘇生せしめて、実際の教育生活に密接なる関係を保たせようとしたのが、この創価教育学である」(1)

こう宣言された牧口常三郎先生も、人間教育実践報告大会の展開を、いかばかり喜んでくださることでしょうか。皆様方の、地味に見える日々の努力こそ、創価教育の父・牧口先生に直接つながる価値創造の行動であります。

ジョン・デューイ協会の会長を務められた南イリノイ大学のラリー・ヒックマン教授は、創価の「教育実践記録」について、「教室での問題解決にとって非常に貴重な事例研究（ケース・スタディ）」[2]になると評価してくださいました。そして、「適切に編集して世界各地の教師たちにも読めるよう出版していただきたい」[2]とも望まれていました。

現場に徹し抜いた人間教育の具体的な事例にこそ、全世界に通ずる普遍性の広がりがあるのです。

さらに、この春（二〇一二年）に発刊された対談集『地球を結ぶ文化力』の中で、共著者である中華文化促進会の高占祥《こうせんしょう》主席は、私が「教育実践記録」や「教育相談室」について紹介すると、次のような信念の言葉を贈ってくださいました。

「青年は祖国の未来です。民族の希望です。人類の春です。家庭の朝日です。

青年は、一つの〝いまだ磨かれざる玉の原石〟です。真誠《しんせい》をもって彫刻し、磨かなければなりません。

青年は、一株《ひとかぶ》の苗《なえ》のようなものです。愛の心をもって、水を注《そそ》がなければなりません」

「学校での教育だけではなく、あらゆる社会のすべての人々が言葉で教え、身をもって教えることが大切ではないでしょうか」[3]

どんなに遠大な社会変革の構想があっても、ただ演説するだけでは、世界は変わりません。眼前の一人の若き命に関わり、真心を込めて励ましを贈っていくことこそ、希望の未来を創り開きゆく最も確実な布石《ふせき》であります。

その意味から、これからも、日々、胸を張って、黄金の実践記録を積み重ねながら、使命の大道を歩み抜いていただきたいと念願するものです。

さて、「教育相談室」の相談内容でも、また実践報告大会の発表でも、「いじめ」やそれを背景としたものが少なくありません。

いじめが原因で、未来のある青少年が自殺したというニュースほど、胸の掻《か》きむしられる悲しみがあるでしょうか。

「人格の尊重」「生命の尊厳」を、すべての根底にしなければならない。私の創立した創価学園では、「いじめ」も「暴力」も、断固として許しません。この問題については、私自身、これまでも幾たびとなく言及してまいりました。

教育現場の先生方のお話では、年々、いじめの様相も変化し、捉え所がないほど複雑になってきているようです。しかし、現象面の変貌にかかわらず、いじめで苦しむ子どもがいるという事実は変わらない。

「いじめられてもいい子」など、断じておりません。「いじめられる側にも原因がある」なども、いじめを正当化させても決してならない。

「いじめは、いじめる側が100％悪い」――この本質を絶対に見失ってはなりません。最も重要なことは、「早期発見」です。クラスのちょっとした変化を見逃さない鋭敏な感性を磨くことです。そのためには、常に子どもたちと対話し、心の交流を重ねていくことが肝要ではないでしょうか。

その上で、いじめが分かった時に何より大事なことは、いじめそのものを二度と起こさないようにすることです。〝犯人捜し〟は二の次です。かえって事態を悪化させてしまう場合さえあるからです。

まず、いじめがあったという事実を、クラスならクラス全員が、きちんと見つめることです。加害者はもちろん、はやし立てた子も、傍観した子も含めて、誰一人として「自分は関係ない」という人はいないことを明確に伝え、「いじめは絶対にいけない」という意識を子どもたちと共有して、皆で乗り越えるために力を合わせることです。

いじめは被害者を傷つけることはもちろんのこと、実は加担した子ども自身の生命をも傷つける罪悪であるからです。

どの子も等しく、「幸福」になるために生まれてきています。

御聖訓に断言されている通り、「いのちと申す物は一切の財《たから》の中に第一の財なり」（御書一五九六㌻）なのです。

「いじめ」という〝暴走〟を生む、一つの原因に「差異」の排除があります。だからこそ、子どもたちと共に、一人一人の個性を大事にすること、また個性に違いがあるゆえに、相互の対話が大事であることを学んでいきたいと思います。

私が共に対談集を発刊したデンマークの教育者へニングセン博士は、「私たちは『差異のある世界』に生きています。ゆえに、『差異を認め合う』ことが、最も大切な点です。そして、『差異を認め合う』ことは、本当の対話のための必須条件なのです」(4)と語られていました。

差異を認め合う勇気を持って、対話に踏み出すことから、新しい道が必ず開けます。私自身、この信念で、今も世界との対話を続けております。

「子どもの声が届く社会」を！

人は互いの多様性から学び合い、「差異」をむしろ価値創造の源泉とすべきです。「自由」と「放縦《ほうじゅう》」、「幸福」と「快楽」、「差異」と「差別」をはき違えていると言われる現代社会にあって、子どもたちが「差異」を通して何を学ぶべきか、見つめ直す必要があるのではないでしょうか。

また最近は、子どもたちが家庭においても、決して守られているとはいえない状況があります。その弱い存在の子どもたちが、自分より弱い立場にある子どもを見つけて、いじめているケースもあると聞きます。

背景には、社会で抑圧されている大人の歪《ゆが》みが、子どもたちに投影されてしまっているという、いじめの連鎖があります。

子どもたちを取り巻く環境を、「子どもの幸福」を根本思想とする「教育のための社会」へと転換していくことが、切実な課題です。

そのための学校、家庭、地域、行政を含めた、子どもを守るネットワークの構築が求められます。

「教育のための社会」とは、何にもまして「子どもの声が届く社会」といえましょう。

子どもたちの小さな叫びに耳を傾け、それに応えていく社会であってこそ、大人も子どもも幸福で平和に生きることができる。子どもの幸福を追求することは、大人の喜びと生きがいにつながっていきます。

子どもの声を代弁し、子どもの命を守り抜く、一人の教育者の声にこそ、その子を救うのみならず、家庭を救い、社会のありようをも変える力が秘められていると、私は祈りを込めて強く申し上げたいのです。

我らの使命は「生命の安全地帯」

二〇一〇年（平成二十二年）十月、創価教育の八十周年を記念するシンポジウムが神奈川文化会館で開催されました。その折、教育実践記録の三千事例を対象にした分析結果の報告を受けたことを、私は鮮明に覚えております。

そこでは、教師に望まれる子どもへの「五つの関わり」が抽出《ちゅうしゅつ》されていました。

その五つとは――

①「信じぬく」

②「ありのまま受け容れる」

③「励まし続ける」

④「どこまでも支える」

⑤「心をつなぐ」

教師のみならず、人材を育成する上で、心すべき「関わり」「結びつき」の指標といってよいでしょう。

私は教育提言「『教育のための社会』目指して」で、「人間が人間らしくあること、本当の意味での充足感、幸福感は、〝結びつき〟を通してしか得られない」と指摘しました。

〝結びつき〟は相互作用です。子どもは一方的に大人から庇護《ひご》される存在ではありません。やがて独り立ちし、自ら他者と結びつくことを学びゆく、一個の尊い人格です。

ゆえに、子ども自身が「自分の人生を切り開く力」を養うとともに、「人とのつながり」「心の結びつき」を大事にできる感性を育んでいくことが、不可欠であります。

子どもが悩みや苦しみに負けず、一緒に力を合わせて困難を乗り越えていけるように、懐《ふところ》深く支えていく大人の存在が何より大切です。

信頼できる大人が見守り、励ましてくれることは、子どもたちに安心と向上をもたらしていきます。

私が対談した、忘れ得ぬインドネシアの哲人指導者ワヒド元大統領がしみじみと語っておられました。

「祖父や父だけでなく、学校の先生や地域の人たちからも、誰に対しても誠実に接し、寛容の精神を持つことの大切さを教えてもらいました。

私が尊敬するのは、どんな困難があっても、決して退《しりぞ》かない精神がある人です。たとえ逃げ出したくなるような状況にあっても、自らを鼓舞するだけでなく、多くの人にも同じ実践ができるようにする存在であります」(5)

いかなる苦難にも、若き生命が伸び伸びと成長するための盤石なる安全地帯が、わが教育本部です。ここに我らの重要な使命があります。

教育現場が、いかに厳しい状況にあろうと、「子どもが主役である」との視点を堅持し抜いていきたい。「自らが価値創造していく力」と「他者と結合していく力」を、子どもたちが身につけることが、幸福へ前進していく最善の道だからです。

自ら価値創造し、他者とつながっていく――これは、仏法を実践する基本である「自行化他《じぎょうけた》」にも通じています。

この両翼《りょうよく》こそが、子どもたちが人生の大空へ羽ばたき、幸福を勝ち取っていく原動力といってよいでありましょう。

「教育は、人間生命の目的である」――これは、世界的な名門学府であるアメリカ・コロンビア大学の仏教学者ロバート・サーマン博士の信条です。私は「社会のための教育」から「教育のための社会」へというパラダイム（思考的枠組み）の転換を、このサーマン博士との交流から着想しました。

博士は、そのことを大変に喜んでくださいました。ご自身も「教育のための社会」というビジョンを、「釈尊《しゃくそん》の教えに学んだものです。仏の立場から見れば、人間はすべて、かけがえのない宝物です。そして、その宝物である人間は、生涯にわたり（＝地獄や奴隷のような状況から解放される)、自由と機会を与えられた存在なのです」と述懐されています。

仏法の中から、最高の人間教育の真髄《しんずい》を美事《みごと》にくみ上げられたのです。慧眼《けいがん》です。

博士は、こう結論されました。

「人間は何のために生きるのか——それは学ぶためである」(6)と。

私も全面的に賛同いたします。

学ぶことは、生きることです。

生きることは、学ぶことです。

そこに、生命の成長があり、人生の幸福があります。

あえていえば、「人は、自らを教育するために生まれてきた」のです。

迫害の中でも学ぶことを手放《てばな》さなかった大詩人ダンテは、自著に次の箴言《しんげん》を記しました。

「われ若《も》し片足を墓に入れおるとも、識《し》らんことを欲するであろう」(7)

すべての子どもたちが「教育」という人生の究極の目的が果たせるよう、日夜、教育現場で奮闘し、「教育相談室」や「人間教育実践報告大会」などを通じて地域・社会の教育力の向上に取り組んでおられる教育本部の皆様は、私にとって、喜びも苦しみも分かち合う無上の同志です。

法華経には、生命尊厳の極理を弘《ひろ》めて人々を救おうとするならば、「如来《にょらい》の室《しつ》」に入り、

「如来の衣《ころも》」を着し、「如来の座《ざ》」に座って説くべきであると示されています（法師品《ほっしほん》の「衣《え》座室《ざしつ》の三軌《さんき》」）。

もともと仏法の弘教《ぐきょう》の方軌ですが、私は人間教育の要諦《ようてい》にも通ずると拝してきました。

「如来の室」とは「仏の大慈悲心《だいじひしん》」のことです。敷衍《ふえん》して申し上げれば、大きな慈愛の中に、子どもを包み込んで、「抜苦与楽《ばっくよらく》」の対話をしていくことです。「教育相談室」という「室」それ自体が、そうした慈悲に満ちているといっても、過言ではないでしょう。

「如来の衣」とは「柔和忍辱《にんにく》の心」です。何があっても揺るぎなく、柔和な笑顔で子どもたちを受け止めて、忍耐強く励まし続ける力です。

さらに「如来の座」とは、少々難しい表現で「一切法空《いっさいほうくう》」と説かれ、あらゆるものに不変の実体はないと知る智慧を意味します。ややもすれば、先入観念など、教育現場で陥《おちい》りがちな思い込みを排し、現実の課題に柔軟に即応して、どこまでも「子どもの幸福」のために自在の智慧を発揮していくことでしょう。また、「御義口伝《おんぎくでん》」に、如来の座について「不惜身《ふしゃくしん》命《みょう》の修行」（御書七三七ページ）と仰せの如く、わが身を惜しまず戦い抜くことが、その極意です。

私たちは、この仏と一体の慈愛と忍耐と智慧を、いやまして光らせながら、「教育のための社会」へ、また「いじめのない社会」へ、そして「すべての子どもたちが幸福に輝く社会」へ、勇気凛々《りんりん》と邁進《まいしん》していこうではありませんか！

第4回　世界に広がる創価教育の光

「いじめ」のない社会で「いのち」は輝く

私は幸運にも、十九歳で希有《けう》の大教育者・戸田城聖先生にお会いすることができました。残酷な戦争によって無数の命が奪われ、国破れて荒廃した戦後の社会にあって、わが師は、仏法という究極の「生命尊厳」の法理を、私たち青年に示してくださったのです。

戦時中、軍国主義による二年間の投獄にも断じて屈しなかった恩師の信念の言葉は、絶対に信じられる希望の響きをもって、若き命に迫ってきました。

青年を利用し、犠牲にしてきた権力者と敢然と対峙《たいじ》して、先生は青年を愛し、信じ、自らの心血を注いで薫陶《くんとう》してくださいました。

先生が一人立って開始された「人間革命」という未聞《みもん》の平和運動は、自身の内面から智慧と勇気を引き出して、一人一人が現実社会に貢献していくものです。

その意味で、先生の青年への指導は、人間教育の真髄《しんずい》であったといっても、決して過言ではありません。

先生の弟子となった私は、この仏法を友に伝えようと、勇気を出して対話を始めました。一生懸命に語りました。しかし、誰も信心しようとはしません。真《ま》っ向《こう》から反対した友人もいました。

それでも諦めず、粘り強く対話を続けました。そのなかで最初に入会して、わが同志となったのが、学校の教師をしていた方でした。

御聖訓に、「我《われ》も唱《とな》へ他《た》をも勧《すす》めんのみこそ今生人界《こんじょうにんかい》の思出《おもいで》なるべき」（御書四六七ジペー）という一節があります。

私自身、六十五年間、仏法を語り抜いてきた歴史は、黄金の「今生人界の思出」と輝いております。なかでも格別に忘れ得ぬ第一号の折伏《しゃくぶく》は、不思議にも教育者だったのです。

また、その後も、多くの若き教育者を仏法に導くことができました。

各地で活躍しておられる教育本部の皆様は、同じ心で、同じ哲学を掲げ、人間教育に邁進《まいしん》してきた、かけがえのない宝友《ほうゆう》たちです。

そして今、妙法の教育者の陣列が、かくも壮大な世界への広がりとなったことを、私は万感の思いを込めて、恩師に報告させていただきたいのであります。

わが教育本部の同志のご健闘を讃え、私の教育を巡る所感を綴ってきた本連載も、今回で最終回となります。教育関係者の皆様方はもとより、各方面から深い理解や共鳴の声をいただき、心より御礼申し上げます。

この連載のさなか、教育現場における「いじめ問題」が、社会問題として、これまでにもまして、ニュースにも取り上げられるようになりました。

そして、現代における「いじめ」は、かつてのいじめっ子や、遊び・ふざけの範疇《はんちゅう》を遥《はる》かに超えて、「いのち」に関わる問題であることが、あらためて認識されました。

本来、「いのち」を育む希望の世界であるべき教育の場で「いじめ」を受け、死を選ばなければならなかったお子さん方に、私は、仏法者として、追善のお題目を送っております。

日蓮大聖人は、「命と申す財《たから》にすぎて候《そうろう》財は候《そうら》はず」「三千大千世界にみ《満》てて候財も・いの《命》ちには・かへぬ事に候なり」（御書一五九六ページ）と宣言されました。

一人の「命」は、全宇宙の財宝にも勝ります。この命を最大に光り輝かせていく営みこそ、教育であります。軽んじられてよい「命」など、一人としてありません。この「命」を踏みにじる権利など、誰人にもありません。

「暴力は断じて否定する」「いじめという暴力を絶対に許さない」。このことを教えることこそ、教育の出発でなければならないでしょう。

これは、創価学園の創立者として、私の厳然たる精神でもあります。この連載でも強調したように、私は「いじめ」を断固として許しません。いじめは「いじめる側が100％悪い」と訴えてきました。

しかし、「いじめ問題」がなくならないのは、「すべての大人の責任」です。なぜなら、子どもたちは大人の鏡だからです。大人社会の歪《ゆが》みが、元凶だからです。

子どもたちを「いじめ」へと突き動かす心の闇に、今こそ光を送らねばなりません。

現在は、国を挙げて「いじめ問題」に取り組む方針も示され、専門の諸先生方による真摯《しんし》な議論が重ねられています。

わが教育本部の皆様方も、「いじめ問題」については、さまざまな場で討議され、それぞれの教育現場でも懸命に努力を続けておられます。

そうした、すべての方々のご尽力に、私は満腔《まんこう》の敬意を捧げるとともに、私自身、教育事業の総仕上げをする決心です。

創価教育学の父・牧口常三郎先生は、言われました。「行き詰まったら、原点に返れ」と。

では、教育の返るべき原点は、どこにあるのか。

それは、「対話」にあるといえないでしょうか。

教育は、「対話」より出発し、「対話」に帰着するといってもよいでありましょう。

牧口先生は『創価教育学体系』で、デンマークの〝近代教育の父〟グルントヴィと弟子であるコルについて言及されています。このグルントヴィとコルの師弟が目指したのが、〝生きた言葉〟による「対話の教育」の実践でありました。

また、牧口先生が、教師の理想とされていたスイスの大教育者ペスタロッチも、「対話」を重視しました。

その名を世に知らしめた教育小説『リーンハルトとゲルトルート』は、まさに対話形式で書かれており、家庭での母と子の生き生きとしたやりとりが描かれています。

教育の活力も、教育の喜びも、教育の触発も、教育改革の知恵も、この「対話」からこそ、滾々《こんこん》と湧《わ》き出《い》ずるものでありましょう。

〝人類の教師〟と仰がれる釈尊《しゃくそん》は、「喜びをもって接し、しかめ面をしないで、顔色はればれとし、自分のほうから先に話しかける人」(1)であった、と伝えられます。仏とは、悟り澄まし、権威ぶった存在などではない。むしろ、〝快活に気さくに自ら声をかける〟――ここに仏の振る舞いがあります。

それは、人間教育者の真骨頂とも通じているはずであります。

牧口先生も、小学校の校長として、時間を見つけては、授業の様子をそっと見守り、校内を歩いては、一人一人の児童の表情や体調を気づかい、「どうしたの？」「大丈夫かい？」「話してごらん」等々、優しく声をかけていかれたといいます。

牧口先生は、勉強のこと、友だちとの関係のこと、家庭のことなど、児童が心につかえていた思いを語り出すのを、じっと聞かれていきました。そして、アドバイスや励ましを送られるとともに、打つべき手を迅速に打っていかれたのであります。

こうした牧口先生との語らいを、一生涯の宝とし、感謝を捧げた教え子たちは、大勢いました。

「問題が起こったら、その場、その場で解決しなくてはいけない。問題を放置して残しておけば、必ず事は大きくなる。大きくならないうちに解決するのだ」——これが、牧口先生の信条でした。

常日頃から、声をかけ、子どもたちが発するサインや変化、言葉にならないSOSを鋭敏にキャッチしていく。こうした心の交流が、ますます大事になってきているのではないでしょうか。

牧口先生は、教育と医学は「兄弟姉妹のような応用科学」と呼びました。それは、ともに一番大切な「人間の生命」を対象としているからです。アプローチは異なっても、生命力が萎縮《いしゅく》するのを防ぎ、生命力が伸び、拡大するのを助ける応用科学ともいえます。

数え切れない貴重な臨床例《りんしょうれい》の積み重ねが、医学の目覚ましい進歩をもたらし、多くの人命を救えるようになりました。そうした医学の緻密《ちみつ》な取り組みから、教育界も大いに学ぶべきだと、牧口先生は促されたのであります。

その意味において、直系の創価学会教育本部の皆様方が実践事例を積み重ねて、分析し、普遍的な教育技術に高める努力をされていることは、教育の進歩に大きく貢献するものであり、牧口先生もきっと喜んでくださることでありましょう。

わがドクター部の皆様方のお話を伺うと、医学の最前線においても「対話」が重視されています。

医療の現場でも、現在は「インフォームド・コンセント」（説明と同意＝患者が、医療者から治療の内容や目的などについてよく説明を受け、同意した上で治療が施《ほどこ》されること）が行われています。すなわち、同意が得られるまで説明が続けられ、「対話」が重ねられるといいます。

病院においても、「患者さんの声に耳を傾ける」「相手のことを思いやる」などの「対話の文化」が尊重されて、誠実で心豊かなコミュニケーションの努力と創意工夫が重ねられています。

御書には、「人がものを教えるというのは、車が重かったとしても油を塗ることによって回り、船を水に浮かべて進みやすいように教えるのである」（一五七四ジペー、通解）と説かれております。

一人一人の「生命」が持つ本然の可能性を、伸びやかに解き放ち、そして、滞りなく自在に前進していけるように、励まし、導いていく――ここに、教育の本義があり、その潤滑《じゅんかつ》の智慧、推進の力を送りゆくものこそ、対話ではないでしょうか。

ゆえに、私は、どんなに困難で複雑な現場にあっても、子どもたちを取り巻くすべての皆様に、「それでも対話を！」と申し上げたいのであります。そして、「子ども第一」で、何より「一番苦しんでいる子どもの側」に立って、対話を進めていただきたいのであります。

親や周囲には心配をかけたくないと、悩みを誰にも言えずに、一人で小さな胸を痛めている子どもたちも決して少なくありません。身近な大人からの真心こもる「声かけ」が、どれほど心を照らす希望の光となることでしょうか。

「いじめ」のない社会を築いていくことは、「人間の尊厳」を打ち立てる人権闘争であります。

アフリカの人権の大英雄ネルソン・マンデラ元大統領は、二十七年半に及ぶ投獄にも耐え抜き、二十世紀中には不可能ともいわれた「アパルトヘイト」の人種差別の撤廃を実現しました。元大統領は語っています。

「あらゆる人間の心の奥底には、慈悲《じひ》と寛容がある。肌の色や育ちや信仰のちがう他人を、憎むように生まれついた人間などいない。人は憎むことを学ぶのだ。そして、憎むことが学べるのなら、愛することだって学べるだろう」(2)

至言であります。人間は、誰人も尊厳な存在であり、いじめてはならないし、いじめさせてもならないこと。一人一人を大切にして、皆で共に仲良く明るく生きていくべきであること。また、必ず、そうできること――。このことを、私たちは、あらためて、子どもたちと一緒に学んでいきたいと思うのであります。

子どもの幸福へ　心一つに団結！

学校はもとより、家庭にも、地域にも、社会にも、子どもたちを見守る、大人たちの温かくして深い眼差《まなざ》しが、これまでにもまして必要になっています。

不当な差別や激しい弾圧、理不尽ないじめに、勇気をもって「ノー！」と叫び、大きく歴史を変えた、アメリカの人権の母ローザ・パークスさんは、青少年にこう語られました。

「私は、大人も子供もみな、人生の模範として尊敬できる人をもつべきだと思っています」

「母のレオナ・マッコーレーは、私が自尊心と黒人への誇りをいだきながら成長するよう導いてくれました」

「ローズおばあちゃんは、子や孫へ愛情をそそぎつつ、自身の意志の強さを通し、私に良いお手本を示してくれました。そのおかげで、私自身も強い女性になることができました。マーティン・ルーサー・キング牧師は、決意と自尊心をもって毎日生きることの大切さを、自ら良い手本となって私に教えてくれました」[3]と。

このパークスさんの母親も、学校の教師でした。

心を開いて、相談できる人たちが身近にいる。尊敬を込めて、「その人だったら、どうするだろうか」と思いを巡らせる存在がある。そうした人間のネットワークが、陰《いん》に陽《よう》に、子どもたちの命を守り、支える力となるのではないでしょうか。

ともあれ、「異体同心《いたいどうしん》なれば万事《ばんじ》を成《じょう》じ」（御書一四六三ページ）であります。児童・生徒、保護者、教師、そして学校、さらには地域が「子どもの幸福」のために心を一つにして「異体同心の団結」を築いていけば、必ずや新たな時代の幕を開くことができます。

その団結を生み出すのは「対話」です。そして、この対話の文化が脈打つ社会の姿こそ「教育のための社会」と呼べるものでありましょう。

「人間をつくる」ことが未来を開く

頼もしいことに、今、若き創価の教育者の奮闘が、日本全国、世界の各国各地で光ってい

アメリカの人権の母パークスさんを、ロサンゼルスで語学研修中の創価女子短期大学生が笑顔で迎える（1992年）

ます。

〽世紀の太陽　燦然《さんぜん》と
希望の瞳　輝いて
一人も残らず　幸福《しあわせ》に
未来を育む　誇りあり

この青年教育者の愛唱歌「世紀の太陽」の響きが、教育部歌「太陽のマーチ」とともに、私の胸に力強く迫ってきます。

わが敬愛する教育者の皆様方は、いかなる闇も打ち破って、毎日たゆまず昇りゆく「太陽」です。自らが燃えて、光も熱も惜しまず、皆を照らしゆく「太陽」です。

太陽が明るく輝いているのは、人知れずに戦い続けて、勝ち抜いているからです。

青年教育者の愛唱歌は、こう結ばれています。

〽創価の精神《こころ》は　平和へと
　世界を結ばむ　使命あり

この一節の通り、世界を結ぶ「教育の光」が、いやまして重要な時代に入っています。

昨年（二〇一一年）の年末には、わが教育本部の代表が「日中友好教育者交流団」として、中国の北京《ペキン》、天津《てんしん》を訪問し、熱烈な歓迎をいただきました。

男女の青年教育者も多く参加し、有意義な教育交流を大成功で飾り、立派に使命を果たしてくれました。

日本も、中国も、教育への取り組みは真剣です。そうした中、互いに学び合い、語り合う意義は、計り知れません。

政治や経済の次元では、多少の波風が立とうとも、教育の交流には、普遍性があり、未来性があります。

国を超え、民族を超えて、教育者の魂と魂が触れ合う中で、人類の明日へと架ける、希望と信頼の黄金の橋が築かれゆくことを、私は確信してやみません。

教育本部の交流団が、「私学の雄《ゆう》」と讃えられる人材輩出の最高学府・北京城市学院を訪問した折には、学院の発展をリードする劉林《りゅうりん》学長が、ご自身の〝師弟のドラマ〟を語ってくださったことを、感銘深く、お聞きしました。

劉学長の師匠は、私が「東洋学術研究」誌上で対談を重ねてきた顧明遠《こめいえん》先生（中国教育学会会長）です。若き劉学長が書き上げた十五万字に及ぶ博士論文を、顧先生は時間をかけて、実に丁寧に読まれ、句読点に至るまで添削してくださったというのです。

「愛情なくして教育なし」

これが、顧先生の教育哲学です。それをご自身が実践されてきた姿が目に浮かんできます。まさに教育者の鑑《かがみ》と感動しました。

「教育とは、氷を溶かす温水です。どんなに固い氷でも、教育の力で必ずや溶かすことができます」とは、劉学長が紹介してくださった顧先生の言葉です。

その顧先生も、自らが教壇に立たれる北京師範大学に教育本部のメンバーを快く迎えてくださったのです。特に大震災のあった東北の教育者を、心から励ましてくださいました。

こうした麗《うるわ》しい教育交流に、かつて、日本に留学していた若き日の魯迅《ろじん》先生と、その恩師である藤野厳九郎《ふじのげんくろう》先生との出会いを思い起こすのは、私一人ではないでありましょう。

じつは、顧先生のご夫人・周蕖《しゅうきょ》さんは、大文豪・魯迅先生の姪に当たられる方です。

魯迅先生の行った教育について、顧先生は次のように語られています。

「まず第一に学ぶべきことは、彼（＝魯迅）が教育事業に献身的にどろんこになって取り組んだ精神である」(4)

「献身的にどろんこになって」、若き生命に関わり、尽くし、育む。この人間教育の不撓不屈《ふとうふくつ》の魂が脈打つところ、いかなる壁が立ちはだかろうと、必ず突破できることを、私は信じてやみません。

顧先生は、私が提案し、教育本部が進めている「教育実践記録運動」の活動にも、大きな期待と関心を寄せてくださっています。

「一人一人の事例から学び、そこから法則性を見つけ出していくことが大切です。皆さんの活動に、今後も心より期待しています」と、温かなお言葉を寄せていただきました。

この連載でも、すでに紹介したように、実践記録については、アメリカのジョン・デューイ協会のヒックマン博士も、ガリソン博士も、最大に評価されております。

世界が認める教育実践記録の運動です。教育本部の皆さんは、今後も自信をもって取り組み、教育技術の向上に努めていただきたいと念願します。

今、日本も世界も、混迷の時代です。閉塞感《へいそくかん》を打ち破る希望の光は、どこにあるのか、皆が真剣に求めています。

「難局打開の道は何か。余《よ》は只《ただ》教育の一途《いっと》あるのみと断言して憚《はばか》らない」(5)

ふるさとの東北から世界に雄飛した新渡戸稲造《にとべいなぞう》博士は、世界が経済恐慌に陥《おちい》っている昭和初期に、その光明を「教育」に見出しました。

本年(二〇一二年)は、新渡戸博士の生誕百五十周年です。農学者であり、教育家でもあった博士は、この言葉を、一九三〇年に発刊された創価教育の原典『創価教育学体系』への「序」に認《したた》められました。

そして博士は、牧口先生が渾身《こんしん》の力を込めて著《あらわ》した同書に対し、「行詰《ゆきづま》れる現代社会の革新に甚大なる寄与《きよ》をなすものである事を信じて疑わないものである」(5)と、「尊敬と感動」をもって賞讃したのです。

この『創価教育学体系』は全四巻から成りますが、戸田先生は、戦後、その内の第二巻を『価値論』として再刊しました。それればかりでなく、世界約五十カ国の四百二十を超える大学や研究所に贈られたのです。師の偉大さを世界に宣揚せんとされた恩師の真心に、私は感《かん》涙《るい》を抑えつつ、この発送の実務に当たらせていただきました。

それが一つの因となり、現在、創価教育は事実の上で世界に広がり、希望の教育思想として注目されているのです。

南米ブラジルでは、牧口先生の創価教育学に基づいた教育プログラムに、百万人を超える児童が参加しました。二〇〇一年には、ブラジル創価幼稚園が開園し、現在、小・中学校にあたる「ブラジル創価学園」に進展しています。

さらにブラジルでは、「牧口先生公衆衛生技術学校」が開校しました。アルゼンチンの高校には、創価教育に共鳴し、もったいなくも私の氏名を冠していただきました。素晴らしい人材育成をされていると伺っています。

インドでは「創価池田女子大学」も発展を続けるなど、世界中で創価教育と連帯する教育機関が広がっています。

創価幼稚園は、ブラジルをはじめ、香港、シンガポール、マレーシア、韓国の海外五カ国・地域に開園。「随一」「モデル校」などと、極めて高い社会的評価を得ています。

一九九二年に開園した香港創価幼稚園は、教員の優れた教育実績が評価され、特別行政区政府の「行政長官卓越《たくえつ》教学賞」を受賞するなど、充実した教育環境を誇っています。

「創価教育」の眼目《がんもく》の一つとして、「世界市民」の育成が挙げられます。

わが教育本部の友も、毎年のように、海外日本人学校へ赴任され、これまで多くのメンバーが貴重な貢献を果たしてこられました。

SGI（創価学会インタナショナル）の教育者とも連帯し、世界的視野に立った平和・文化・教育の大道を、たゆみなく開いていってくれております。

子どもの歓声が名曲のように！

牧口先生の思想も、郷土から世界を展望し、学び、また郷土に立ち返って、わが地域の発展に貢献し、潤《うるお》していくことを志向されていました。

牧口先生は、郷土・新潟の母校である荒浜《あらはま》小学校に、自身の『創価教育学体系』を寄贈しています。いかに郷土の教育を大切にされていたか、この一点を見ても明白です。

牧口研究の海外における第一人者であられるデイル・ベセル博士（米インタナショナル大学元教授）は、創価教育の先見性として、「『新しい人間』の確立と、より人道的な社会機構の創造」という点を強調されていました。

そして、「人類が将来、この地球上に生存しようとするなら、より理解ある新しい人間と、より人道的な社会機構がどうしても必要となる。こうした現状を考える時、牧口の教育思想は現代にこそ、その意義と重要性を持つものであると思う」(6)と断言されていたのです。

この博士の発言から、はや四十年近く経ちました。

いよいよ、創価教育の真価を発揮していくべき時代に入っているといってよいでしょう。

――それは牧口先生、戸田先生の悲願であった創価小学校が誕生して、日々新たな喜びが生まれる中でのことでした。

一年生の教室の脇を通った時、中から、明るいにぎやかな歓声が、はじけるように聞こえてきました。

私は一緒にいた先生に申し上げました。

「あの声が、ベートーベンの名曲のように聞こえたら、一流の教育者ですね」と。

子どもたちの元気な声こそ、伸びゆく「生命」の象徴です。世界の「平和」の希望の音律です。人類の「前進」と「創造」の源泉です。

この子どもたちの歓喜の声が轟《とどろ》きわたる「教育の世紀」へ、私は教育本部の皆様方と手を携《たずさ》えて、さらに全力を尽くしていきたいと、決意を新たにしています。

さあ、子どもたちの幸福のために！　人類の輝く未来のために！　希望に燃えて、新しい教育の勝利の扉を開きましょう！

引用・参照文献

〈第1回〉
(1) ヘルダー「人間性形成のための歴史哲学異説」小栗浩訳、『世界の名著 38』所収、中央公論社
(2) 『牧口常三郎全集 6』第三文明社
(3) 『牧口常三郎全集 5』第三文明社
(4) *The Collected Works of Mahatma Gandhi*, vol.54, Publication Division Ministry of Information and Broadcasting Government of India.
(5) *The Collected Works of Mahatma Gandhi*, vol.91, Publication Division Ministry of Information and Broadcasting Government of India.
(6) 『牧口常三郎全集 8』第三文明社
(7) 『牧口常三郎全集 7』第三文明社
(8) Walt Whitman, *The Journalism, The Collected Writings of Walt Whitman*, vol.2, edited by Herbert Bergman, et al., P.Lang.
(9) *The Wisdom of Eleanor Roosevelt*, Open Road Media.
(10) ジム・ガリソン/ラリー・ヒックマン/池田大作『人間教育への新しき潮流』第三文明社
(11) エマソン『人間教育論』市村尚久訳、『世界教育学選集 57』所収、明治図書出版
(12) ジョン・デューイ『誰れでもの信仰』岸本英夫訳、春秋社
(13) デューイ『民主主義と教育 上』松野安男訳、岩波文庫

〈第2回〉
(1) 顧明遠/池田大作『平和の架け橋 人間教育を語る』東洋哲学研究所
(2) ハンス・ヘニングセン/池田大作『明日をつくる〝教育の聖業〟』潮出版社
(3) 『牧口常三郎全集 7』第三文明社

（4）ジム・ガリソン／ラリー・ヒックマン／池田大作『人間教育への新しき潮流』第三文明社

〈第3回〉

（1）『牧口常三郎全集　5』第三文明社

（2）ジム・ガリソン／ラリー・ヒックマン／池田大作『人間教育への新しき潮流』第三文明社

（3）高占祥／池田大作『地球を結ぶ文化力』潮出版社

（4）ハンス・ヘニングセン／池田大作『明日をつくる〝教育の聖業〟』潮出版社

（5）アブドゥルラフマン・ワヒド／池田大作『平和の哲学　寛容の智慧』潮出版社

（6）ロバート・サーマン「『人間教育の世紀』を語る　SGI会長の『教育提言』に寄せて」、「聖教新聞」二〇〇一年三月十九日付

（7）ダンテ『饗宴　下』中山昌樹訳、『ダンテ全集　6』日本図書センター

〈第4回〉

（1）中村元『ゴータマ・ブッダ　Ⅱ』、『中村元選集〈決定版〉12』春秋社

（2）ネルソン・マンデラ『自由への長い道──ネルソン・マンデラ自伝　下』東江一紀訳、日本放送出版協会

（3）ローザ・パークス『ローザ・パークスの青春対話』高橋朋子訳、潮出版社

（4）顧明遠『魯迅──その教育思想と実践』横山宏訳、同時代社

（5）新渡戸稲造が『創価教育学体系』に寄せた「序」から

（6）D・M・ベセル〈日本語版への序〉、『価値創造者──牧口常三郎の教育思想』中内敏夫・谷口雅子訳、小学館

第2章

小説『新・人間革命』から

第7巻　「文化の華」の章

偉大なる宗教は、偉大なる文化を生む。これは歴史の法則である。

太陽の光が雪をとかし、大地の眠りを覚ませば、そこには芽が吹き、やがて、花々が咲き乱れる。

同じように、仏法の慈光《じこう》が、凍《い》てついた人間の生命の大地をよみがえらせる時、絢爛《けんらん》たる「人間文化の華《はな》」が開くにちがいない。

広宣流布とは、社会建設の担い手である一人ひとりの人間革命を機軸に、世界を平和と文化の花園に変えゆく、まことに尊き偉業なのである。


一九六二年（昭和三十七年）という年は、弘教《ぐきょう》の広がりのなかで耕《たがや》された民衆の大地に、山本伸一の手によって、次々と文化の種子が下ろされ、発芽していった年であった。

政治の分野では、一月に公明政治連盟が正式にスタートし、七月には、公明会が発足している。

また、学術研究の分野では、一月に外郭《がいかく》団体として東洋学術研究所（後の東洋哲学研究所）が創設され、十一月には、その機関誌として『東洋学術研究』が創刊されることになる。

さらに、八月の一日には、東京の杉並公会堂に、約千人の教育者が集まり、歴史的な教育部の第一回全国大会が開催された。

伸一は、この日を、心躍る思いで迎えた。彼は、壇上から、場内を埋め尽くした〝先生たち〟の顔に視線を注いだ。どの顔も、使命感に燃えて紅潮していた。

教育部が誕生したのは前年の五月三日、伸一の会長就任一周年の本部総会の席上であった。教育部長には清原かつが就任し、翌月の十日には、学会本部に約三百人の教師が集い、結成式が行われた。

伸一は、この一九六一年（昭和三十六年）の『大白蓮華』七月号の巻頭言「文化局の使命」のなかで、教育部に対する多大な期待を述べている。

そのなかで彼は、「個人の幸福とあいまって、社会の繁栄を願い、平和な楽土を建設しようとすることこそ、立正安国の精神なのである」としたうえで、次のように訴えていった。

「民族の盛衰《せいすい》、一国の興亡《こうぼう》が、一《いつ》にかかって教育のいかんにありということは、古今東西の歴史が如実《にょじつ》にこれを示している。

とくに、教育の効果は、二十年、三十年後に現れるともいえよう。教育こそ、次代の民族の消長《しょうちょう》を決定する、まことに重大な問題である。

しかるに、日本の現状はいかん。敗戦後十有余年の歳月を経た今日《こんにち》、いまだに確固たる理念もなく、迷いつづけているのは、じつに教育界ではないか。まことに嘆《なげ》かわしいかぎりである」

さらに、山本伸一は、この時に、時代の行く手を見定めて立ち上がったのが教育部であるとして、こう記している。

「暗黒の教育界に、希望の灯台が、いま一閃《いっせん》の輝きを放ったものと叫びたい。

創価学会には、教育界の大先覚者であられた、牧口常三郎初代会長によってつくられた、教育学体系の大理念がある。また、妙法によって人間革命された、多数の教育者がいる。およそ、教育は理念のいかんと、教育者自体の人格によって決まるものである。透徹《とうてつ》した教育学体系と、みがかれた人格とをもった、わが教育部員こそ、まことの教育者であると、私は信じたい。

『無量義《むりょうぎ》とは一法《いっぽう》より生《しょう》ず』との原理にもとづき、妙法を護持《ごじ》したわが教育部員が、偉大なる仏法を実践する決意のもとに、かつてない偉大なる教育者であるとの誇りをもって、今後、堂々と進みゆかれんことを望むものである。

また教育部員は、立派な教壇上の教育者なることはもちろん、同時に、不幸な民衆のなかに入り、民衆を救う大教育者たらんことを、忘れてはならない」

教育部の結成は、恩師・戸田城聖の遺言であった。

戸田は、戦後、創価教育学会の再建に際し、その根本の目的は宗教革命にあるとして、会の名称から「教育」の二字を外した。

しかし、彼は決して「教育」を忘れたわけではなかった。真の宗教革命は即人間革命であり、信仰によって蘇生した人間は、社会建設の肥沃《ひよく》な大地となり、必ずや教育、経済、政治など、あらゆる分野に、人間主義の豊かな実りをもたらしていくからである。

戸田は、七十五万世帯の布教という創価学会の基礎工事に全力を傾注するなかにも、その心情を、細《こま》かに伸一に語っていた。

「牧口先生の残された偉大な教育学説を、弟子として、世界に認めさせたい。いずれ、学会は教育部をつくり、人間教育をもって、社会に貢献していかなければならない」

戸田が、牧口の十回忌にあたる一九五三年（昭和二十八年）の十一月十八日に、牧口の『価値論』を発刊し、それを英訳して世界各国の大学や研究所に寄贈したのも、恩師の学説を広く世界に知らしめようとする、決意の表れであった。

伸一は、戸田の〝教育部をつくる〟との言葉を生命に刻み、時を待ち、遂に結成に踏み切ったのである。そして、教育部の結成のあとも、彼は、機会を見つけては、メンバーの激励

價値論

にあたってきた。

一九六一年（昭和三十六年）の九月には、教育部のバッジができた。伸一は、幾度か、自ら代表にバッジを手渡す機会をもち、メンバーの活躍に期待を寄せて語った。

「皆さんが教育者の核となり、人間教育の輪を社会に広げていってください。皆さんと同じように、子どもの幸福を願い、人間教育を実践する教師が、それぞれの周りに十人できれば、教育界に大きな波動が広がり、日本の国は変わっていきます。

この教育部のバッジは、民衆のため、社会のため、仏法のため、尽くしきっていく者の名誉と責任を表しているのです」

そこには祈るような、深い響きがあった。

また、教育部長の清原かつから、教育部員の数が順調に増えているとの報告を受けると、伸一は言った。

「教育部員は一騎当千《いっきとうせん》の勇者です。一人ひとりが、限りなく大きな使命をもっている。戸田先生は、よくユダヤの人びとに学べと言われていたが、彼らは教師を非常に大事にしている。たとえば、こんな話を聞いたことがある。

――昔、ある町を訪れたユダヤ教の指導者が、『ここの防備を見たい』と町長に言った。すると、兵士が立てこもっている砦に連れていかれた。

視察を終えると、その指導者はこう語った。

『私は、まだこの町の防備を見ていません。町を守るのは兵士ではなく、教師です。なぜ、私を学校に真っ先に連れていってくれなかったのですか』

教師こそ国を守っている勇者だというのだ。私も本当にその通りだと思う。教師は、国家どころか、人類の未来を守っているといってもよいくらいだ。

だから、どうか、教育部のメンバーを大事に育ててください。それが、社会のため、日本のため、世界のためになっていく。

実は、私の最後の事業も、教育であると考えているんです」

伸一は、日本の未来を、どうするかを真剣に考え抜き、教育を最重要視し、教育部の育成に最大の力を注いでいたのである。

このころ、日本では、青少年の非行が、社会的に大きな問題となっていた。

戦後の青少年の非行は、一九五一年（昭和二十六年）をピークに、いったんは減少傾向にあったが、五五年（同三十年）からは再び上昇していた。

そして、六一年（同三十六年）には、警察に検挙された少年は、一年間に、実に約九十五万人に上り、深刻な事態を迎えていたのである。

このころから、青少年の非行が激増し、その特徴として、非行の低年齢層化、中流家庭の子どもによる犯罪の増加、非行の集団化などが指摘されていた。

それまで、非行の背景には貧困があり、青少年の犯罪の多くは、貧しさによることが多かった。しかし、日本の社会は、既に高度経済成長時代に入り、人びとの生活は年々豊かになってきているにもかかわらず、子どもの非行は急増していたのである。

当時、政府は折あるごとに〝人づくり〟を唱えていたが、一九六二年（昭和三十七年）の十一月に文部省が発表した教育白書『日本の成長と教育』を見ると、いかなる人間をつくろうとしていたかが、よく表れている。

この白書は、教育を投資という観点からとらえ、教育は「経済の成長に寄与《きよ》する」有効な投資であることが強調されていた。

白書では、これは一つの試論にすぎず、「将来の社会に生活する人間像を目ざし、広い観点に立って教育の使命を考えることこそ必要」であるとしていたが、その人間像についても、教育の使命についても、何も触れられていなかった。

それは、試論とはいえ、すべてに経済効率を優先させようとする、本末転倒した、悲しき日本の姿が露呈《ろてい》されていたといってよい。

「なんのための教育か」「なんのために学ぶのか」との根本の目的を問わず、ただ国家の経済成長に貢献する人材を輩出すればよい——これが日本の教育の実態であったといえる。

哲人ソクラテスは、ただ生きるのではなく、〝善《よ》く生きる〟ことの大切さを訴えているが、経済至上主義で進む日本社会は、そうした人生の根本問題を遠ざけ、耳を傾けようともしなかったわけである。

ここに、繁栄の陰で見失われてきた、戦後日本の最大の〝歪《ゆが》み〟があった。

戦前の日本では、〝国家の役に立つ〟人間をつくることが、教育の至上命令であった。また、戦後は民主教育が推進されはしたが、結果的には、教育白書が図らずも露呈したごとく、〝国家の経済の発展に貢献する〟人間をつくることが、主な目的になってしまったのではないか。

つまり、看板は替わっても、本質は〝国家の役に立つ〟人間の育成である。教育を国家の繁栄の手段としてのみ考えることは、国民を手段化することと同義であるといってよい。そこには、子どもにとって教育とは何かという視点が欠落している。それが非行問題とも、深くかかわっていたといえよう。

本来、教育の根本の目的は、どこに定められるべきであろうか。

牧口常三郎は「教育は児童に幸福なる生活をなさしめるのを目的とする」(1)と断言している。〝国家の利益〟ではなく、〝児童の幸福〟こそ根本だというのである。

牧口は、この信念から、創価教育の眼目は、一人ひとりが〝幸福になる力を開発する〟こととした。そして、この幸福の内容が「価値の追求」であり、人生のうえに創造すべき価値とは、「美《び》・利《り》・善《ぜん》」であると主張した。

つまり、牧口は、価値創造こそ人生の幸福であり、さらに、社会に価値を創造し、自他ともの幸福を実現する人材を輩出することが、教育の使命であると考えていたのである。

彼は『創価教育学体系』の緒言で、「創価教育学」を世に問う熱烈な真情を、こう記している。

「入学難、試験地獄、就職難等で一千万の児童や生徒が修羅《しゅら》の巷《ちまた》に喘《あえ》いで居る現代の悩みを、次代に持越《もちこ》させたくないと思ふと、心は狂せんばかりで、区々《くく》たる毀誉褒貶《きよほうへん》の如きは余《よ》の眼中にはない」

そこには、子どもへの、人間への、深い慈愛の心が熱く脈打っている。この心こそ教育の原点といえる。

そして、その教育を実現していくには、教育法や教育学の改革はもとより、教育者自身の人間革命がなければならない。子どもたちにとって、最大の教育環境は教師自身である。それゆえに、教師自身がたゆまず自己を教育していくことが不可欠となるからだ。

教師は「教育技師」であると主張する牧口は、「教育は最優最良の人材にあらざれば成功することの出来ぬ人生最高至難《しなん》の技術であり芸術である。是は世上の何物にも替《か》へ難《がた》き生命といふ無上宝珠を対象とするに基づく」[2]と述べている。

さらに、教師たるものの姿を、こう論じる。

「悪人の敵になり得る勇者でなければ善人の友とはなり得ぬ。利害の打算に目が暗んで、善悪の識別の出来ないものに教育者の資格はない。その識別が出来て居ながら、其《そ》の実現力のないものは教育者の価値はない」

牧口が提唱した、創価教育の精神を、現実に、縦横無尽に実践したのが、若き戸田城聖であった。彼の私塾・時習学館《じしゅうがっかん》からは、人間性豊かな、実に多彩な人材が育っている。

山本伸一は、教育部員に、この先師・牧口常三郎、恩師・戸田城聖の志を受け継いでほしかった。

彼は、混迷の度を深める社会の動向に、鋭い目を注ぎながら、教育部の使命の重大さを痛感していた。

前年の教育部の誕生から一年有余、学会員の教育者は三千人になんなんとし、その代表一千人が、この八月一日の、初の教育部の全国大会に集ったのである。

それは「創価教育」の実現への、教育部の新たな門出の集いとなった。

大会は、午後一時前に開会し、体験発表や清原かつ教育部長のあいさつ、幹部の指導などが続き、会長・山本伸一の講演となった。

「大変に本日はおめでとうございました。牧口先生も、そして、恩師・戸田先生も、この教育部の姿をご覧になったならば、どれほど喜んでくださるであろうかと、さきほどから思っておりました。

牧口先生は教育界の大先駆者であり、戸田先生も教育者でありました。

ところが、第三代の私は教育者ではないのです。むしろ、学校の先生からは、勉強をしないもので、いつも、叱られてばかりおりました。ですから、皆さん先生方とお会いすることが申し訳なくて……」

会場に爆笑が広がった。

伸一は、さらに、教育部として、メンバーの教育体験や、創価教育学の研究、応用などを発表する、教育雑誌を出版していくことを提案した。

会場に、賛同の大拍手が轟《とどろ》いた。

続いて、学会の組織のなかでの、教育部員の役割について、言及していった。

「学会が大きくなるにつれて、指導が徹底されないため、布教の際などに、極端《きょくたん》なものの言い方をして社会の誤解を招くというケースが見受けられます。

一家のなかであっても、息子や娘を指導しきれないことが多いのに、毎月、何万世帯という会員が新たに誕生しているのですから、やむをえない場合もあるとは思います。しかし、

時習學館
小学部

私としては、みんなが理路整然と、道理に則《のっと》って、納得のいく、折伏や指導ができるようにしたいと念願しております。

そこで、教育部の皆さんは、その模範を示し、誰もが心から納得のできる、理路整然とした、道理に適《かな》った弘教《ぐきょう》、指導を実践していっていただきたいのです。仏法は道理です。皆さんが常識豊かな、道理に適った話をし、万人が心から納得していく姿を目の当たりにして、多くの会員がそれを見習うようになれば、広宣流布《こうせんるふ》は、さらに進むと思うのであります」

そして彼は、ここに集った、教育者である一人ひとりが、仏法の偉大な指導者に、広宣流布の達人になってほしいと訴え、講演を締めくくった。

教育雑誌を出版しようという、教育部の第一回全国大会での山本伸一の提案を受け、教育部では直ちに準備にとりかかった。

メンバーの要請に応え、伸一が真心を込めて書いた、「灯台」の文字が躍る雑誌が創刊されたのは、全国大会から、わずか一カ月余り後のことであった。

彼は、その創刊号（十月号）に、「世界を照らす灯台たれ」と題して巻頭言を執筆し、新たに船出した教育部に、大いなる期待を寄せたのである。

第24巻　「人間教育」の章

創価教育の父・牧口常三郎は叫んだ。

「幸福が人生の目的であり、従って教育の目的でなければならぬ(1)」

子どもが幸福になるための教育――そこにこそ、教育の根本目的がある。

一九七七年（昭和五十二年）二月六日夕刻、山本伸一は、東京・信濃町のレストランで、創価学園生の代表と夕食を共にし、懇談した。

伸一は、武蔵野の大地で、心身両面にわたって磨き鍛え、たくましく育ちつつある鳳雛《ほうすう》たちの英姿に、目を細めながら、彼らの話に耳を傾けた。

寮生活の模様などを、頰を紅潮させて語る彼らの顔には、希望があふれていた。未来に巣立つ使命を自覚し、生徒と教師が一体となって切磋琢磨し合う、学園の人間教育の様子が伝わってくるようであった。

しかし、社会では、七〇年代前半から、授業についていけない子どもの急増や、遊び場の不足、子どもの骨折、胃潰瘍《いかいよう》などの増加が問題となっていた。

当時の文部省の教育課程審議会は、一九七六年（昭和五十一年）十二月、三年間にわたる審議をまとめ、答申を行った。そこでは、「ゆとりのある、しかも充実した学校生活」の実現をめざす必要性が強調され、教材や授業時間の削減を打ち出していた。この答申を受けて、文部省は、学習指導要領の改訂に取りかかっていくことになるのである。

伸一は、そうした教育界の動きを見つめながら、未来を思い、思索をめぐらしてきた。

〝現状を見すえ、制度を改革していくことは、当然、必要である。しかし、それ以前に、子どもたちに、なんのための学校か、なんのための勉強かを自覚させ、一人ひとりの、やる気を引き出していく教育をめざすことこそ、最も大切なテーマではないか。子どもの自主的な挑戦の心を育まずしては、ゆとり教育は、深刻な学力の低下を招きかねないからだ。そして、そのやる気を引き出していくのは、教師という人間の力によらざるを得ない……〟

伸一は、この日、創価学園生との懇談に続いて、第一回となる東京教育部の勤行《ごんぎょう》集会に出席しようと思っていた。現代の教育の問題点を考えるにつけ、教育部の使命が、いかに大きく、重いかを痛感していたからである。

教育部が誕生したのは、伸一の会長就任一周年に当たる六一年（同三十六年）五月三日の本部総会の席上であった。

教育部は、創価学会の源流を継承する部である。学会の前身である創価教育学会は、初代会長の牧口常三郎が、未来の宝である児童・生徒を救いたいとの思いから、教育の改造を掲げて立ち上がり、『創価教育学体系』を発刊したことから始まっている。当初、その構成員の多くは、教育者であった。

伸一は、〝教育部が、この牧口先生の教育思想を受け継いで、教育現場にあって、子どもの成長を図っていくなかに、社会の繁栄もある〟と考え、教育部員の育成に全精力を注いできた。

教育部の総会と聞けば、万難を排して出席した。出席できない時には、万感の思いと祈りを込め、メッセージを書き、贈った。また、一九六四年（昭和三十九年）には、何回かにわたって、代表に「法華《ほっけ》取要抄《しゅようしょう》」の講義も行った。

教育部員は、一騎当千の勇者であり、社会を変革する大きな使命をもっている——これが、彼の確信であった。

社会は、人間が創り上げた有機体である。であるならば、そこに生きる若き魂をどう育て上げていくかで、社会の明日《あした》も、世界の未来も、決定づけられていく。ゆえに、教育こそ、人類にとって、最も力を注ぎ込むべき大切な事業といってよい。

そして、学校教育において、子どもたちに最も強い影響を与える、最大の教育環境こそ、教師という人間の存在である。牧口は、「教育の改造における根底は教師」(1)と明言している。

つまり、教師が、自らを、いかに磨き、向上させていくかが、社会建設の最も重要な課題となるのである。

教育には、教育理念が必要である。二十一世紀の建設のためには、国家や民族の枠を超え、生命の尊厳観に立脚した、世界市民としての新しいモラル、新しい教育理念が確立されなくてはならない。それがあってこそ、教育の大道は開かれるのである。

法華経には、「如我等無異《にょがとうむい》」(我が如く等しくして異なること無からしめん)とある。仏は、すべての人間の生命に内在する仏界という無限の可能性を開き、万人を平等に、仏自身と同じ境地、境涯にしていく。そこに仏の使命があると説いているのである。

伸一は、ここにこそ、「人間教育」の原理があると確信していた。

教育の目的は、機械を作ることではなく、人間形成、つまり人間をつくることにある。人間——なんと偉大な存在であろうか。人間は、一切の文化の創造の源である。その生命の内奥には、計り知れない可能性が秘められている。それを引き出し、磨き上げ、完成へと導き、子ども自身の幸福と社会の繁栄を築いていくのが「人間教育」である。

伸一は、大学紛争の火が燃え盛り、教育の荒廃が露呈し始めたころから、「人間教育」の推進こそ喫緊《きっきん》の課題であることを、叫び続けてきた。

さらに、一九七一年(昭和四十六年)の年頭、教育部の集いに贈った長文のメッセージのなかでも、人間教育の必要性を強く訴えたのである。この年は、牧口常三郎の生誕百年であり、創価大学の開学の年であり、教育部結成十周年であった。大学紛争の余燼《よじん》が、まだくすぶっていた時である。

「人格を育成することほど、偉大な仕事はない。教育こそ、新しき世紀の生命であります。実に今日ほど、教育の重要性が叫ばれる時代はありません。

かつては、国家主義的な教育が一世を風靡《ふうび》した。それが今、ことごとく挫折《ざせつ》し、人間教育に視点があてられるようになりました。人間としていかにあるべきか――これが今日の最大のテーマとなっております」

伸一は、メッセージのなかで、現状の教育の問題点を、鋭く指摘していった。

「教育の挫折《ざせつ》は、文明の崩壊であり、はたまた、人間自身の敗北につながります。現代の多くの指導者は、未来をいかに築き、何を与えていくかという大局観に乏《とぼ》しく、目前の利害、打算に汲々《きゅうきゅう》としております。

また、人間と環境の生きた関係に目を閉ざし、個々の多様な鼓動に耳をふさぎ、真実の生命の心音《しんおん》を聞こうとしない。かつての国家主義的教育と同じく、人間を機械の部品のごとくみなす虚構の教育になっております。こうした教育に、鋭い、潔《いさぎよ》い、青少年の心がついていけるはずがない。ここに、断絶の時代といわれる現代の迷妄があるといってよい」

さらに彼は、人間教育を推進する教育者の在り方を述べていったのである。

「人間教育の核心となるものは、まず教育者自身が、人格を錬磨して成長することにあります。青少年と向き合った関係ではなく、共に成長して未来を志向していくなかに、教育の実《じつ》が上がっていくことでありましょう」

「皆さんは、人間教育の旗手であります。そのことは同時に、人間文化の旗手でもあるということになります。偉大な人間把握の哲理こそが、新しい教育と文化の淵源《えんげん》となっていくことは、必定でありましょう」

伸一は、このメッセージを書き終えると、十年後に思いを馳《は》せた。

〝人間教育の使命に燃える教育部員の、体当たりの実践と不断の研鑽があるならば、教育改革の突破口を開くことができる。それは、日本の未来に、大きな希望の光をもたらすにちがいない。教育部の、この十年の歩みが、日本を救うといっても過言ではない……〟

さらに彼は、二十年後、三十年後、四十年後の未来を思った。

〝やがては、創価大学の卒業生のなかからも、陸続と教育者が誕生し、教育部も、一段と充実していくだろう。そして、生命尊厳の哲理に根差した創価の人間教育は、世界の大潮流となっていくにちがいない〟

このメッセージに、教育部は、勇んで立ち上がった。そして、八月二日、牧口常三郎の生

誕百年と結成十周年を記念する第七回総会を開催し、「人間教育の実践」への、新たなスタートを切った。

この総会にも、伸一はメッセージを寄せ、教育の現状に、警鐘《けいしょう》を鳴らした。

「近代化の名において知識重視の教育へと偏向し、肝心《かんじん》の人間能力の開発が、生存競争への適応をめざして進められたことは、よく指摘されます。しかし、その奥に〈教育の無責任化現象〉ともいうべき、〈投げやり方式〉の横行が見られる。

それに流されるか、革命するか、これこそ、現在の中心課題であると思えます。

人間主義の教育樹立とは、まさに、それに対する〈教育の使命と権利回復の叫び〉であります。慈悲《じひ》と対話に潤《うるお》う人間建設の教育へと開眼《かいげん》した皆さんの、深い英知とたゆまぬ情熱と、そして、その見事な連帯ある実践に期待してやみません」

教育の改革といっても、結局は、教師自身の生き方の問題となる。人間革命があってこそ、教育革命もあるのだ。

一九七三年（昭和四十八年）には、教育部は、「社会に開いた教育部」「教壇の教師から地域の教師へ」とのモットーを掲げ、地域貢献へのさまざまな試みを開始していった。

教育部の活躍に大きな期待を寄せる伸一は、主要な催しには、永遠の指針となる長文のメッセージを贈るとともに、教育部の代表と、しばしば懇談を重ねてきた。

メンバーは、そうした伸一の指導、激励に触れるたびに、人間教育の体現者たろうと決意を固め、試行錯誤を重ねながら、体当たりで、教育に取り組んでいった。

さらに、地域社会に貢献しようと、さまざまな取り組みを開始した。社会のために、自分に何ができるかを問い、行動していくところから、新しき創造の力が生まれる。

教育部有志によって始まった教育相談室も、社会貢献の大きな実績をあげていった。

この教育相談室は、一九六八年（昭和四十三年）九月、山本伸一が教育部の代表らと懇談した折、特別支援教育に携《たずさ》わる杉森重代《すぎもりしげよ》という女性教育者に、「その経験と力を、地域、社会に、生かしていくことはできないか」と提案したことから始まっている。

そして、準備を重ね、十人余の有志で、不登校や言語障がい、夜尿症《やにょうしょう》、情緒不安定等々の問題に悩む子どもと、その家族のために、無料の教育相談室を開設したのである。

当時、そうした教育相談が受けられる公的機関の数は少なかった。私的な機関もあったが、経済的な理由から、あきらめざるを得ない人もいた。

人間主義とは、一番困っている人の立場、庶民の目線に立つことから始まるのだ。

相談室は、毎週一回、開かれた。相談員は、学校での仕事を終えてから、子どもの問題で悩んでいる人の力になりたいと、食事もそこそこに、勇んで駆けつけてきた。

相談室では、心理検査や、児童・生徒、および保護者へのカウンセリング等が行われ、好評を博していった。回を重ねるごとに、相談希望者は激増した。

相談室を担当する教育部員は、研修会も開催し、カウンセリング技術の向上や人間洞察などの研鑽に努めた。苦闘の連続であったが、皆、日ごとに力をつけていった。

さらに、幅広く、さまざまな問題の相談にのる一般教育相談も行われるようになり、教育相談活動は、全国に広がっていった。

「この子らと生きる喜びを!」

それが、活動のスローガンであった。

〝一人を大切にし、どこまでも、個人に光を当てた実践活動を行おう。そこに、真の生命尊重の教育の実現がある〟

メンバーは、そう考え、一人ひとりの子どものために、親身になって力を注いだ。見返りを求めてのことではない。信仰者としての使命感と、良心の発露からの活動であった。

教育部有志による、地域、社会での人間教育運動は、多彩に展開されていった。

――学校の授業についていけない子どももいる。しかし、ほんの少しの配慮があれば、理解でき、伸びていく子は少なくない。

そうした観点から、土曜、日曜を使って、学校の授業が理解できずに悩んでいる小・中学校の児童・生徒のための学習指導も、千葉県の習志野市などで実施された。それは、「希望教室」と名づけられた。

集まって来た時の子どもたちは、どことなく浮かぬ顔で、自信がなさそうであった。しかし、皆、わかるようになりたいのだ。一人ひとりが、どこで行き詰まっているかを探りながら、教えていくと、急に子どもたちの目が輝いてくる。理解する手がかりがつかめたのだ。やがて、目に見えて表情が明るくなり、口元には、微笑《ほほえ》みが浮かぶ。

理解することで、学ぶ喜びを味わわせることも、この教室の大きな狙いである。そこから、自発的、能動的に学ぶ意欲が湧いてくるようになるからだ。

また、戸田城聖が、かつて私塾・時習学館で行った創価教育法の具体的実践を、継承、発展させようと、東京・墨田区や千葉県の柏市などでは、「時習学館運動」も始められた。

数学には、戸田の推理式指導算術方式が用いられ、作文では、類文指導方式が取り入れられた。牧口常三郎、そして、戸田城聖の教育理念や教育技術を現代に応用し、子どもの多様な可能性を開き、価値を創造していける人格を育もうとの試みである。

さらに、幼児・児童の情操を培《つちか》うために、人形劇、影絵の公演などを行う有志のグループもあった。このほかにも、書道・絵画・手芸・音楽教室など、さまざまな取り組みがなされていったのである。

異体同心の団結とは、一人ひとりが心を同じくして、緻密《ちみつ》に連携を取り合いながら、自主的に、それぞれの能力を出し切っていくことだ。そこに勝利の道がある。

躾《しつけ》など、子どもの人間形成の基盤は、家庭にある。学校に通うようになってからも、子どもは、家にいる時間の方がはるかに長い。

したがって、〝家庭で、どのような教育がなされているか〟〝父親や母親が、いかなる教育観、家庭観をもって、子どもと接しているか〟が、子どもを育てるうえで、極めて大切になる。また、地域が及ぼす子どもへの影響も大きい。つまり、学校、家庭、地域という三者が、連携し、協力し合っていくなかに、よりよい教育環境がつくられていくのである。

教育部では、子どもの学力や躾などについて悩む地域の父母と共に、具体的な解決の道を探し、子育てについての希望と自信をもってもらおうと、一九七二年（昭和四十七年）から、「父母教室」を開いていった。この教室が、子育ての啓発になり、また、父母と教師との、心の〝溝《みぞ》〟を取り除く契機となることも願っての開催であった。そこでは、親と子の関係の在り方などをテーマに、講演や、質疑応答、懇談等が行われた。

この「父母教室」は、当初、教育部の有志が、地域貢献のために何かできないかと考え、「母親教室」として始めた催しであった。その有志の一人に、東京・中央区の団地に住む萩《はぎ》野《の》悦正《よしまさ》という、小学校の教員になって六年目を迎えた青年教師がいた。

彼は、教員であることから、よく近所の母親たちに、子育ての相談をもちかけられた。そのなかで、躾や教育について、深刻に悩んでいる親が、予想以上に多いことを知った。また、「子育てについて、母親にアドバイスをしてもらえる〝教室〟を開いてほしい」との声もあった。

〝自分が地域のお役に立てるのなら、喜んでやらせてもらおう!〟

萩野は、地域への恩返しのつもりで、引き受けることにした。

彼は、「母親教室」を開催しようと決断したものの、〝どうやって地域に呼びかけるか〟〝会場は、どこにすればよいのか〟〝内容は、どうすればよいのか〟など、戸惑うことだらけであった。最初は、ポスターやチラシを作るのも、それを貼ったり、配ったりするのも、萩野自身がやらなければならなかった。奮闘する彼の姿を見て、地域の人たちも手伝ってくれるようになった。チラシなどの印刷を引き受けてくれる人もいた。

「母親教室」には、数十人の母親が参加した。彼は、子どもを伸ばす上手なほめ方や叱り方などについて講演した。

――子どもが、叱られると思っている時に叱るのは、下手な叱り方である。逆に反感をいだかせてしまうこともある。叱るというのは、大人の感情をぶつけるのではなく、子どもに反省させる心をもたせることである。

「だめな子なんていません」というのが、萩野の教師としての、仏法者としての確信であった。彼は、自分の体験を交《まじ》え、懸命に語った。顔中が汗だらけになった。質問も受け、懇談の時間ももった。大好評であった。

「母親教室」は回を重ねていった。開催日は、日曜や祝日であったことから、父親も参加したいという要望が寄せられた。そして、「父母教室」となったのである。それが、教育部の有志によって、各地で開催されるようになり、その後の教育セミナーや家庭教育懇談会となっていくのである。

萩野の入会は、一九六一年（昭和三十六年）春のことである。高校を卒業したものの、将来の進路が定まらずにいた時、友人の母親の紹介で信心を始めた。

入会を契機に大学進学を決意し、東京学芸大学に進んだ。学生部員として活動に励むなかで、万人が「仏」の生命を具《そな》え、無限の可能性をもっていることを説く仏法に、深く共感していった。そして、教職に就いて、子どもたちの可能性を引き出したいと思うようになっていったのである。

六七年（同四十二年）、彼は、東京の小学校の教員となった。

二度目に赴任した都心の小学校で、六年生を担任した。一クラスしかなく、児童は二十人である。低学年の時から、「手がつけられない」と言われてきたクラスだった。

花壇の土を屋上から商店に投げつけたり、徒党を組んで低学年いじめもする。机と椅子で教室にバリケードをつくる。音楽の時間に太鼓の革を叩き破り、楽器を次々と壊す。数人でデパートに行って万引し、店員に見つかると、他校の名前を言うのだ。

前任の担任教諭は、悩み抜いた末に、転勤の道を選んだ。

萩野は、不安を感じ、迷い、悩んだ。〝経験の浅い自分に、このクラスの担任という大役を果たすことは、無理かもしれない……〟

その時、山本伸一の、少年少女は「人類の宝」「世界の希望」という言葉を思い起こした。

〝そうだ。みんな、未来を担う尊い使命をもって生まれてきたんだ。その宝の子どもたちに、だめな子なんているはずがない。一人ひとりが、すごい使命をもっていることを教えていくのが、私の役目だ!〟

心に光が差し込む気がした。その日から、児童一人ひとりを思い、唱題《しょうだい》を開始した。

しかし、授業中、勝手にしゃべりだす子や、後ろを向いてしまう子が、後を絶たなかった。いじめにあい、学校を休む女の子もいた。その子には、励ましの手紙を書いた。

萩野は、どんなことが起きても、子どもたちを信頼しようと心に決めていた。強く叱ることは、絶対にしなかった。児童と信頼の絆で結ばれずしては、叱っても、何もよい結果など生まれないからだ。

フランスの詩人エリュアールは謳《うた》った。

「わたしの生きかたのすべてのうちで　信頼こそが　もっともすばらしい」(2)

唱題に力がこもった。心のゆとりが生まれた。物事を前向きに見る目が開かれた。

〝荒れているのではない。わんぱくなのだ。エネルギーがあり余っているのだ〟

どうすれば、児童のエネルギーを、正しく発散させられるか――萩野は考えに考えた。

そして、休み時間と放課後を使って、徹底してドッジボールをさせた。男女の対抗意識が強いことを利用し、男女に分け、闘魂をぶつけ合わせた。児童のエネルギーは、次第にドッジボールに注がれるようになった。萩野も、女子のグループに入って戦った。

体育の授業の時には、準備体操として、走って校庭を三周した。それも、校庭の周りにある、ジャングルジムや鉄棒などを、すべて使って走るのだ。体育の授業が終わると、皆、へとへとになった。あり余るエネルギーが発散されるとともに、仲間意識が出て、クラスは落ち着きを取り戻していった。

秋には、六年生の代表が出場する区の陸上記録会がある。萩野の学校は、児童数が少ないため、ほとんどが選手として参加することになってしまった。放課後、猛練習を開始した。みんな、よく耐えた。

大会では、なんと、一人の児童が百メートル走で一位になった。走り高跳びで二位になった子もいた。皆が大奮闘し、男子のリレーでは、参加校二十六校中六位となった。

「二十人しか六年生がいない学校が、これほど好成績を収めたことなど聞いたことがない」

と、校長も、教師たちも、喜んでくれた。

努力することで何かを勝ち取った喜びは、大きな自信となる。一つの勝利が、すべての勝利の突破口となり、バネとなるのだ。

子どもたちのなかから、今度は、私立中学の受験にも挑戦したいという声があがった。

〝学力は、決して高くないクラスである。陸上記録会のようにうまくいくのか……〟

萩野の心配をよそに、子どもたちは、自信満々に言った。

「陸上記録会でも勝てたんだから、頑張ればできるよ。受験も同じさ」

萩野は、〝毎日でもプリントを作って応援するぞ！〟と心に決めた。わからないところがあれば、放課後も残って教えることにした。受験希望者は、皆、燃えに燃えていた。

休み時間も惜しみ、勉強する子も現れた。

二月の中学入試を迎えた。クラスの子どもたちは、短期間だが、真剣勝負で勉強に励み、いかんなく力を発揮した。

数日後、合格の報が次々に入った。私立中学に八人が受験し、七人が合格したのだ。毎年、一、二人しか合格者のいなかった学校にとって、画期的な出来事となった。

また、学芸会が近づいた時のことだ。子どもたちから、「今まで、迷惑をかけてきた先生や、お父さん、お母さんに、ぼくたちの成長した姿を見てもらうために、何かやりたい」という声があがった。メロスとセリヌンティウスの信義と友情を描いた、太宰治の名作『走れメロス』を劇にし、上演することになった。シナリオは萩野が書いた。

子どもたちは、大道具や小道具も、自分たちでどんどん作り、練習にも熱がこもった。

学芸会当日は、熱演のあまり、メロスがセリヌンティウスの頬を、本気で、場内に響くほど強く、殴ってしまう一幕もあった。迫真の演技に、会場のあちこちから、すすり泣きが漏れた。それは、子どもたちが、かくも成長した姿に対する感動の涙であった。

卒業式の数日前、謝恩の式が開かれた。オルガンの調べをバックに、子どもたちが一人ずつ、思い出を述べた。

学校で怪我をした時、養護の先生に看病してもらった喜びを語る子。学校を病気で休んでいた時、ケンカ友だちまでが交代で見舞ってくれたことが嬉しかったと語る子……。

さらに、みんなの口から、「萩野先生、本当にありがとう!」と、感謝の言葉が出た。

誰もが泣いていた。萩野も、ハンカチを目に当てながら思った。

〝子どもたちを信頼してよかった。やっぱり、すばらしい子どもたちばかりだったんだ〟

謝恩の式が終わった。定年を迎える女性校長が、彼に言った。

「すばらしい謝恩の式でしたね。本当にご苦労様でした。子どもって、あんなに変わるものなんですね。最後になって大事なことを教えてもらった気がするわ」

萩野悦正に限らず教育部員は、職場で、地域で、体当たりするかのように、人間教育運動を展開していった。そのなかで、自分たちの運動の具体的な理念を、社会に明示していくことの必要性を感じていた。

教育部が、地域貢献への取り組みを開始した一九七三年（昭和四十八年）ごろ、社会は「無目標化」の様相を呈していた。

大学紛争は終息したが、若者も、社会も、めざすべき方向が定まらず、「三無主義」といわれる、無気力、無関心、無責任の風潮が蔓延《まんえん》していた。また、社会との関わりを避け、就職も先延ばしにしようとする、「モラトリアム化」が広がっていたのである。

いい大学を出れば、いい就職先が待っており、豊かで安定した一生が送れるかのように考えられ、熾烈な受験戦争が展開されてきた。だが、その「いい大学」の頂点に立つ東京大学をはじめ、全国の多くの大学に紛争の嵐が吹き荒れたのだ。

学生たちは、キャンパスを占拠し、権威化した〝象牙《ぞうげ》の塔〟の暗部を次々と暴き、大学の民主化、さらには、〝解体〟まで叫んだのである。そして、機動隊の導入、大学立法の成立という、大学の自治の崩壊をもって、紛争は終息を迎えたのである。

キャンパスは、平穏を取り戻したものの、教育、学問、政治等々への不信が、人びとの心に強く兆し始めた。特に若者の多くは、自分を賭ける目標も見いだせず、疎外感と虚無感をかかえ、自らを閉ざして、精神の暗夜を彷徨《ほうこう》しているかのような時代であった。

それは、教育現場にも影を落とし、「どんな子どもに育てたいのか」という子ども像も、「どんな教師になろうとしているのか」という教師像も失われていた。

〝無目標化し、めざすべき焦点も定まらないなかで、いかに教育技術を磨こうが、それでは画竜点睛《がりょうてんせい》を欠いてしまう〟

教育部の有志は、今こそ、自分たちが立ち上がらなければならないと思った。使命の自覚は、自己に内在する新たな活力を引き出す。

教育部の有志たちは、混迷する教育界にあって、未来建設の曙光《しょこう》を注ごうと、人間教育の研究に力を注いだ。

牧口常三郎の創価教育学説や、戸田城聖の教育実践、教育に関する山本伸一の提言などを学び、意見交換を重ねた。メンバーの胸には、〝新しい教育理念を構築し、創価の人間主義を、広く社会に発信していかねばならない〟との、使命の炎が燃え盛っていた。

そのなかで、戸田城聖の生誕七十四年に当たる一九七四年(昭和四十九年)二月十一日、「人間教育研究会」が設立されたのである。同研究会は、十一月、東京・小平市の創価学園講堂で第一回人間教育研究発表会を開催した。

「推理式指導算術の現代数学への応用」「造形感覚をのばし個性豊かな表現力を高める試み」「幼稚園における五歳児の指導」「事例研究・自閉症とみまちがえられる子」のテーマで、専門的に研究・実践を重ねてきたメンバーが、その成果を発表した。

研究室などにこもっての、机上の研究ではなかった。教育の現場で、汗まみれになりながら、自ら実践を重ね、研究してきた、成果の発表であった。

この研究発表会には、牧口常三郎の思想研究を続けてきた、アメリカのデイル・ベセル博士も招かれて出席した。

博士は、人間教育の具体的な実践を展開している「人間教育研究会」の活動に、賞讃を惜しまなかった。そして、「教育とは、教師も児童・生徒も、一個の人間として、自己のもつ力、知恵を最大限に発揮、開発し、共に社会に貢献していこうとする尊い共同作業である」と述べ、教師自身の人間革命をめざす創価の人間教育に、大いなる期待を寄せた。

さらに、東京教育大学の唐沢富太郎教授が、「現代教育における人間像の考察」と題して講演したのである。

教育を蘇生させるには、もちろん制度的な問題の解決も重要である。しかし、一切の根本となるのは、教育の実質的な主体者であり、推進者である、教師自身の人間的成長を図っていくことである。学校教育では、教師こそが子どもたちの最大の教育環境であり、教師と子どもの生命と生命の触れ合い、啓発にこそ、教育の原点があるからだ。また、制度的な問題が、どこにあるかを、いちばん実感しているのも、教育現場で懸命に汗を流す教師である。教師は、制度改革を進めるうえでも、最も大きな力となろう。ゆえに、教師自身の人生観、教育観、人間観の確立をはじめ、自己変革が、教育改革の極めて重要なカギとなる。

そこで、教育部のメンバーは、人間教育運動を本格的に推進していくために、教育目的を教育者自らがつくることから着手し、「人間教育運動綱領」の発表をめざしていった。

メンバーは、まず、大前提となる〝次代を担う人間像〟を探究することから始めた。

将来、子どもたちが幸福になり、よりよい社会を築いていくには、どういう人間が求められるのか——何度となく意見交換し、あらゆる角度から検討を重ねるなかで、めざすべき人間像がまとめられた。

一、生きること自体に喜びを感じて生活できる人間。

二、他人や自然と共栄できる人間。

三、自己と環境を常に切り開いていける人間。

牧口常三郎は、教育の目的を、豊かな価値創造をなし得る主体性の形成に置いた。つまり、幸福な人生を生き抜くことができる人間づくりである。その幸福とは、自分さえ幸せであれば、他のことはどうでもよいといった利己的なものではなく、他者との共存という社会的な

概念を含んでいる。

メンバーは、その観点から、何回となく議論し、子どもたちの〝未来の人間像〟の骨格をまとめ上げていったのである。

三項目にわたる人間形成の目標が定まると、その目標を実現するための、教育者の実践原則の検討に入った。

やがて、それも、まとまっていった。
一、生命の尊厳を基本原則とした教育であること。
二、人間の多様な可能性に対する信頼を基本とすること。
三、教育者と被教育者との関係性を重視し、人格相互の触発に努めること。
四、絶えざる価値創造と自己変革の人生を全《まっと》うすることを、共通目的にすること。
五、被教育者の能力を的確につかみとって、適切な指導ができる教育者をめざすこと。
こうした検討のなかで、人間教育運動の基本的立脚点についても、話し合われた。

そして、あらゆる教育的営為において、人間生命を手段化せず、相対化することなく、人間生命に絶対的価値を認めるべきであることも、合意された。

また、かつての国家主義的教育のように、人間や教育を組織的・政治的目的の手段とせず、教育は、あくまでも人間それ自体のために、行われるべきであることも確認された。

さらに、地球上の諸民族は、運命共同体であり、人間共通の「生命尊厳」の自覚に立って、世界平和の実現をめざすことでも、意見の一致をみたのである。

熱意は創造の母である。教育部員たちの、子どもの幸福を願う情熱が、新しい教育理念を形づくろうとしていたのだ。


創価学会は、一九七五年（昭和五十年）を「教育・家庭の年」と名づけた。

その冒頭を飾って、一月の七日、第九回教育部総会が東京・立川市市民会館で晴れやかに開催された。その席上、メンバーが取り組み、積み上げてきた、「人間教育運動綱領」（第一次草案）が発表されたのである。

それは、目標を失った社会の暗夜に、人間教育の、鮮烈な光を投げかけたのである。

山本伸一は、「教育・家庭の年」の出発にあたって、教学理論誌『大白蓮華』一月号に、「教育」と題する詩を発表した。教育部員や父母はもとより、人間を育成しようとする、すべての人たちに指針を示し、励ましを送りたかったのである。そこに、こう詠《うた》った。

子どもはわが所有物ではない
子ども自身が所有者であり　ひいては

人類共有の宝であるという
尊敬の上に立った教育が
時代転換のエネルギーとなるからだ

他人を教育することは易しい
自己自身を教育することは難しい
生涯　確たる軌道に乗りながら
自己を教育していくところに
人間革命の道がある

小さな忠告であっても
人生最大の転機をつくることがある
気まぐれの冷笑が
一生癒《い》えぬ心の傷をつくることがある
教育　指導の第一歩は
細やかな心遣いから始まる

そして、詩のなかで、教育実践の基本となる具体的な在り方を、次のように記している。

一人の人を大切にしよう
一人の人の悩みを聞こう
一人の人の苦しみを引き受けていこう
それが最大の教育であり
学会草創の基本精神であることを忘れまい

それは、伸一が、何度となく訴え、徹底してきた学会のリーダーの姿にほかならない。いわば創価学会とは、人生の教師育成の場であり、学会の歩みそれ自体が、人間教育運動となっているのだ。仏法という人間革命の法理は、究極の教育哲理であるといってよい。

教育部の人間教育運動の、推進力となってきたのは、青年教育者たちであった。

教員の世界では、経験年数がものをいい、若い教師が、ベテランの教師と自由に意見を交換したり、一つの物事の責任を全面的に任されることは少なかった。だからこそ、学会の教育部では、青年教育者を前面に出し、情熱に満ちあふれた若い力と、柔軟な英知を大切にしようと努めてきた。

それは、山本伸一の意思であり、信念であった。青年が伸び伸びと力を発揮してこそ、新しい前進があるからだ。ゆえに、彼は、教育部の中心者にも、青年を登用していた。

青年教育者は、教師としての経験に乏《とぼ》しいだけに、未熟な面もあろう。しかし、伸一は、彼らのもつ高い志、未来性、向上心、一途《いちず》な情熱に、満腔《まんこう》の期待を寄せていたのだ。

牧口常三郎と親交があり、国際連盟事務局次長も務めた教育者・新渡戸稲造は、青年時代の思想について、こう評価している。

「世の中の慾《よく》即ち名誉も富貴《ふうき》も知らない清浄無垢《せいじょうむく》の青年時代に起《おこ》る思想が最も貴い」(3)

また、牧口は、自分の考える教育改造の担い手は、青年であると断言している。

「斯《か》やうなる大生活改革は、所詮、純真にして真理を需《もと》め、正義の為《た》め、国家のためには、敢然として闘ふだけの気概ある青年教育家にあらざれば、てんで相手にされぬものであらう」(4)

一九七五年(昭和五十年)の年頭、青年教育者たちから、声が起こった。

「今年は、『教育・家庭の年』だ。今こそ、青年教育者が立ち上がり、本格的な人間教育運動の大波を、日本中に起こしていく年ではないか!」

そして、三月、静岡での教育部春季講習会の折、全国の代表二千人が集い、満を持して、初の青年教育者大会が開催されたのである。

伸一は、嬉しかった。はつらつと使命に燃えて、新しき時代を築こうと奮闘する青年の姿ほど、尊貴なものはないからだ。

伸一は、初の青年教育者大会には、ぜひとも出席し、心から祝福し、励ましを送りたかった。しかし、大会当日の三月二十九日は、環境問題の世界的権威で西ドイツのボン大学名誉教授である、ゲルハルト・オルショビー博士や、ウガンダの駐日臨時代理大使夫妻との会談などが入り、スケジュールは、ぎっしりと詰まっていた。

そこで、大いなる期待と万感の思いを込めて、メッセージを贈ったのである。

青年教育者大会の会場には、メンバーの決意を託した「人間教育運動を青年教育者の手で」と大書きされた文字が掲げられていた。

担当の幹部が、伸一のメッセージを伝えた。

「二十一世紀まであと二十五年——その未来世紀をいかなるものとするかは、皆さんの手中にある。皆さん方の教え子が築きゆく時代だからであります」

烈々たる伸一の思いがほとばしっていた。

「教育は、未来創造の、歴史の方向を決める地下水脈のようなものでありましょう。現在、行われている教育の姿に、未来の輪郭《りんかく》はあるといってよい。あえて言えば、深まりゆく危機の時代の突破口は教育にあり、と私は訴えたい。その意味で、皆さんの使命と責任は極めて大きいのであります」

その呼びかけは、深く参加者の胸に突き刺さった。

メンバーは、この日、人間教育運動を推進していくうえでの基本姿勢を、「青年教育者宣言」として発表した。

「一、我々は、教育者自身の変革こそ、教育の第一歩であると考え、自己のエゴイズムと傲慢を克服する。

二、我々は、いかなる児童・生徒に対しても、その可能性を信じ、決して希望を失わず、指導の手を差し伸べる。

三、我々は、教育者としての資質を高めるため、互いの教育経験を交換し合い、真摯《しんし》な研鑽を重ねる」

この基本姿勢のもと、青年たちは、体当たりで教育実践を開始した。自らが太陽となって、学校に、地域に、希望の光を送っていった。

一九七五年（昭和五十年）の八月、伸一は、連日、各部の夏季講習会等に出席し、生命を振り絞る思いで指導を重ねていた。

十二日には、教育部のメンバーが参加し、創価大学で夏季講習会が行われることになっていた。伸一は、「教育・家庭の年」である今年は、教育部の講習会には、必ず出席しようと、心に決めていた。

前日の十一日、伸一は、静岡から創価大学に到着した。この日、彼の体調は優れなかったが、婦人部の夏季講習会の全体集会に出席し、参加者の指導にあたった。

創価大学には、翌日の教育部夏季講習会の準備のために、同部の関係者も来ていた。伸一は、教育部書記長の木藤優《きとうまさる》らを、大学構内にある「万葉《まんよう》の家」に招いた。教育部の代表を励ましたかったのである。

彼らが中に入ると、伸一は、頭に氷嚢《ひょうのう》を乗せ、体を横たえながら、大学の理事長の報告に耳を傾けていた。木藤は、伸一と、直接会うのは初めてであった。伸一は言った。

「こんな格好で申し訳ないね」

テーブルには、中華料理が並んでいた。木藤たちのために用意していたものであった。

「あなたたちは、遠慮しないで召し上がってください。さあ、どうぞ！」

伸一は、さらに、大学の理事長と打ち合わせを続けた。話が一段落すると、「私もいただこうか」と言って体を起こした。しかし、食欲がなく、ほんの少し食べただけで、箸を置き、木藤に語りかけた。

「木藤さんは、確か、神奈川県の川崎で、小学校の先生をされていたんでしたね」

〝山本先生は、自分のことを、知ってくださっている〟――驚きを隠せなかった。

一人ひとりのことを、よく知るということは、人間関係の基本であり、教育の基本でもある。人間は、子どもであれ、大人であれ、〝自分を、よく知ってくれている〟〝関心をもってくれている〟と感じることによって心を開くのだ。そして、それこそが、信頼関係を結ぶ第一歩となるのである。


木藤優は、入会して十年になる、三十八歳の教員であった。

一九三七年（昭和十二年）に東京の馬込に生まれた彼は、幼少期に空襲の恐怖を味わい、八歳で終戦を迎えた。翌年、劣悪な食糧事情のなか、母親が病にかかり、他界した。そんな時代を生んだ、戦争を憎んだ。

彼は、進学校として有名な都立日比谷高校から、横浜国立大学の学芸学部に進んだ。家は貧しく、夜は、小学校の警備員などのアルバイトをしながら、学業に励んだ。

六〇年安保の時代である。「安保反対！」を叫び、デモの先頭にも立ち、国会を包囲した。しかし、新安保条約は自然承認された。胸にポッカリと穴が開いた思いにかられた。

〝デモやストライキといった方法ではなく、教育を通して平和への道を探るべきではないか。平和に対する無知や無気力、無関心を、一つ一つ乗り越え、対話を重ねていくことが、平和への確かな道であると思う〟

こう考えた彼は、ＮＨＫの「青年の主張」に出場し、自分の考えを訴えた。

そのころ、大学の友人から、学会の話を聞かされた。「人間革命があってこそ、平和の実現もある。それを可能にするのが仏法だ」と言うのだ。そして、友人に、「あなたの言っていることはわかるが、その実現のために、日々、何をしているのか」と問われた。

答えに窮《きゅう》した。学会の出版物を借りて読んだ。共感できる部分もあったが、入会する気にはなれなかった。宗教になど、頼って生きたくはなかった。

木藤は、大学卒業後、川崎市の小学校の教員になった。工場地帯の一角にある学校で、煤《ばい》煙《えん》が漂《ただよ》い、粉塵が降ってくることもあった。貧困と闘う家庭も少なくなかったが、人情味は豊かな地域であった。彼は、「一番大変なところに赴任したい」と希望し、この学校に配属されたのである。

〝子どもたちに、人生を捧げる教師でありたい。日本のペスタロッチになるのだ！〟

木藤は、燃えていた。ただ、燃えていた。

だが、ほどなく〝壁〟に突き当たった。担任した五年生のクラスで、学校を抜け出す児童が、後を絶たないのだ。男子二十五人のうち、十五人ぐらいがいなくなってしまうこともあった。捜しに行くと、近くの河原でたむろしていた。

また、シンナーを吸う子もいた。

木藤には、〝自分は、心理学を学んできた。だから、子どもたちを変えられる！〟という自負があった。仕事に情熱を注いだ。

市の教育研究所の研究員として、教育相談や心理療法の研究にも携《たずさ》わった。

ほかの先生の宿直も進んで引き受け、宿直室に泊まり込んで、仕事をする日が続いた。

夜、「ガシャン！　ガシャン！」と大きな音がする。見に行くと、窓枠は壊れ、ガラスが散乱し、コンクリートの塊や石が、校舎に投げ込まれていた。悪質ないたずらだ。

貧しさから空腹に耐えかね、万引する男子児童もいた。警察に引き取りに行き、しばらく自分の部屋で一緒に暮らしたこともあった。

悪戦苦闘の日々が続いた。彼は疲れ果て、身も心も、ぼろぼろになっていた。

ある時、一人の女の子が言った。

「先生は、なんでも相談にのってくれるし、学校中で一番熱心な先生だけど、みんなから嫌われているよ。近寄ると〝忙しいんだ。来るな！〟っていう目をしているよ」

教師としての自信が砕け散った。

〝結局、何もできなかった……〟

かつて、学会員の学友が、「自分の無限の力を引き出していくのが仏法であり、自身の人間革命があってこそ、周囲の人を変えることもできる」と語っていたことを思い出した。

ちょうど、そのころ、その友人から電話がきた。木藤は友人と会い、入会を申し出た。

学友の仏法対話は、五年後に結実したのである。下種をすれば、必ず、いつかは実を結ぶ。たとえ、その時は、関心を示さずとも、仏法を語り抜いていくことが大事なのだ。

「聞法《もんぽう》を種《たね》と為《な》し、発心《ほっしん》を芽と為す」(5)とは、妙楽《みょうらく》大師の言《げん》である。

入会した木藤優の面倒をみてくれたのは、紹介者である学友の母親〝イネさん〟であった。

彼女は、平凡な主婦であったが、幾つもの病を乗り越えた体験をもち、限りなく明るく、仏法への確信に満ちあふれていた。

その〝イネさん〟が、木藤に、信心の基本から、根気強く教えてくれたのである。

彼が、仕事で、会合などに出席できず、深夜に帰宅すると、アパートのドアに、励ましのメモが挟《はさ》んであった。

「心配しています。あなたは大事な使命をもった人です。何があっても、負けずに頑張ってください」

〝イネさん〟は、会えば、木藤の話に、じっくりと耳を傾けてくれた。彼が、子どもと上手に関われたことなどを話すと、「そう、よかったね。頑張ったわね」と、わが事のように喜んでくれるのである。また、彼のわずかな変化も見逃さず、「最近、明るくなったね」と、声をかけてくれた。

木藤は、〝イネさん〟に接すると、心から安堵《あんど》することができた。また、自然に元気が出てくるのである。

〝なぜなのか〟と、考えた。

――〝イネさん〟は、自分を心の底から信頼し、全生命を注いで、励ましてくれる。幸せと成長を、本当に願ってくれている気持ちが、びんびん伝わってくる。だから、会えば安堵もするし、元気も出るにちがいない。

そして木藤は、それこそが、教師として、自分に足りなかったものではないかと思えるのであった。

〝ぼくは、優れた教師になろうと懸命に努力してきたつもりであった。しかし、子どもたちのことを、皆、尊い使命をもった人なのだと、信じていただろうか。皆を幸福にするのだという一念はあっただろうか……。子どもの心を離れて、有能な教師になろうとしていたのではないか。結局、自分のエゴにすぎなかったのではないか〟

〝イネさん〟から、「教育の心」を学んだ木藤は、日々、クラスの児童のことを思い浮かべては、唱題に励んだ。そして、次第に子どもたちと心が通い合うようになり、学校を抜け出す子どももいなくなった。クラスは目に見えて変わっていったのである。

山本伸一は、創価大学の「万葉の家」で、木藤に言った。

「教育部の活動については、すべて報告を受けています。若いメンバーが、育っていますね。今年の教育部は、よく頑張った！」

「ありがとうございます。

先生。八月の下旬に、教育部の代表が、ソ連教育省の招きで訪ソいたします。山本先生が切り開いてくださった教育交流の道を、さらに堅固なものにしてまいります」

「頼みます。私は、日本のため、世界のために、これからも、懸命に、全世界に教育交流の道を開いていきます。次代を担う子どもたちが、〝世界は一つ〟だという考えをもてるようにしなければならない。

教育部の皆さんは、私が開いた道を、世界平和の大動脈にしていってほしい。せっかく全力で道を切り開いても、後に続く人がいなければ、道は、雑草や土に埋もれていってしまう。一つ一つの事柄を、未来へ、未来へとつなげ、さらに、発展させていくことが大事なんです。今回、ソ連を訪問するメンバーが、体調を崩したりすることなく、元気に、有意義な交流を図れるよう、祈っています。妻と共に、真剣に題目を送り続けます」

伸一自身が、体調の優れないなかで、訪ソ団の健康を気遣う言葉に、木藤は胸が熱くなった。真心とは、気遣いの言葉のなかに表れるものだ。

懇談は、ほどなく終わった。

木藤は、この日、なんとしても伸一に、明十二日の教育部夏季講習会への出席を、お願いしようと思っていた。しかし、疲労の極みにある伸一を見ると、口には出せなかった。

八月十二日、山本伸一の姿は、創価大学中央体育館の壇上にあった。教育部夏季講習会の全体指導会に出席したのである。

文化本部長の滝川安雄のあいさつに続いて、伸一が登壇した。

講習会には、北海道をはじめ、東日本の教育部の代表約二千人が集っていた。

「教育部の先生方、暑いさなか、本当にご苦労様です!」

伸一は、まず、参加者の労をねぎらい、強い求道の心を讃えた。

壇上にいた木藤は、伸一の後ろ姿を見ながら、何度も目頭《めがしら》を押さえた。

〝今日の講習会へのご出席を、お願いするのもためらわれるほど、先生はお疲れであった。それなのに、私たちの心をお酌《く》みになって、出席してくださった!〟

伸一は、用意してきた原稿を見ながら、力を込めて語りかけた。

「私が最初に申し上げたいことは、この八月十二日を『教育革命』の日と定めて、毎年、皆さんが、なんらかの意義をとどめる日にしていただければ——と提案したいと思いますが、

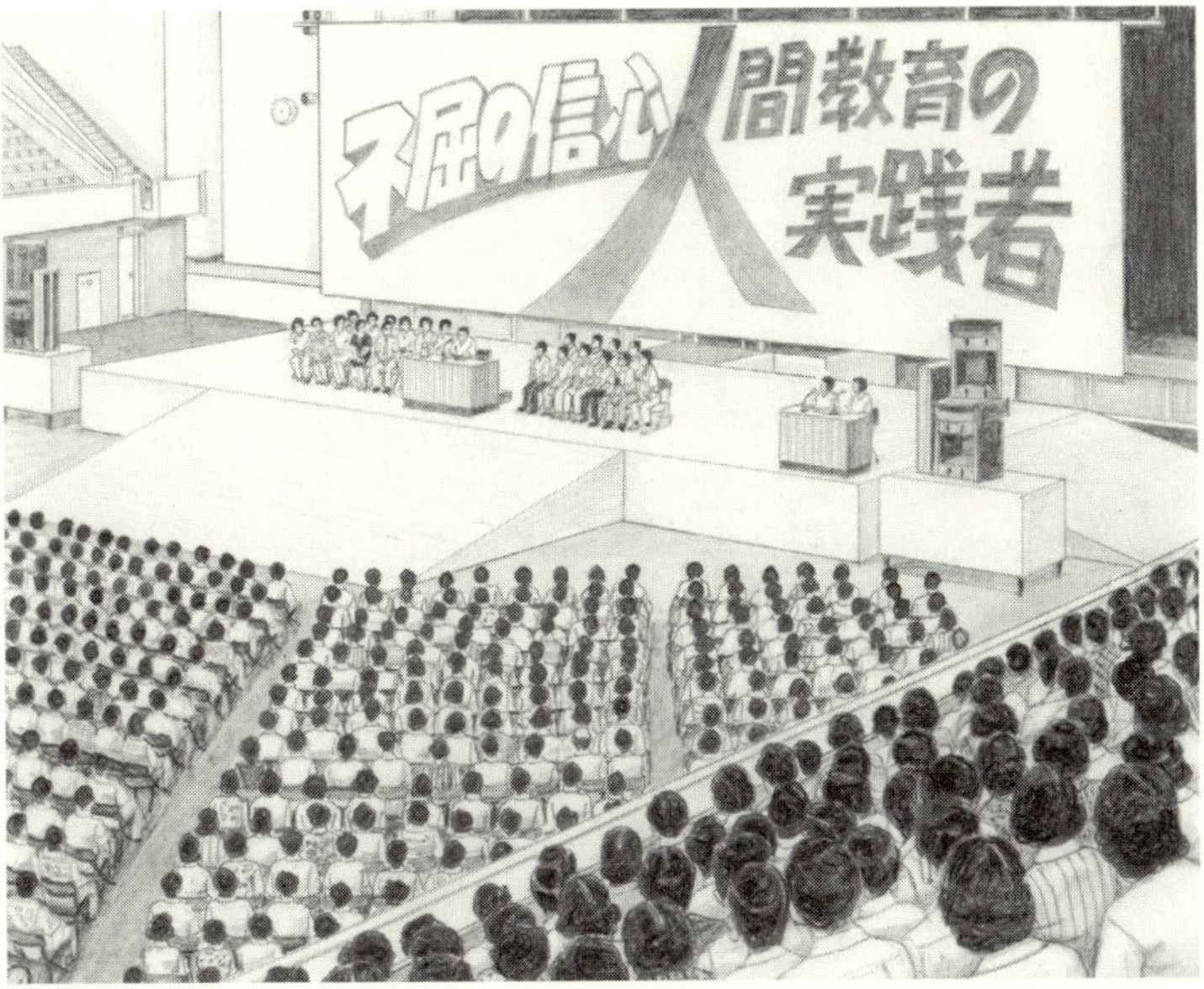
不屈の信心
人間教育の
実践者

いかがでしょうか！」

彼のいう「教育革命」とは、子どもの幸福を目的とし、生命の尊厳を守り抜く、人間教育を実現することであった。その革命は、教師自身の、精神の深化、人格の錬磨という人間革命から始まるのである。

教育の現状を憂慮《ゆうりょ》し、人間教育の開拓者の決意に燃える参加者は、大拍手をもって、伸一の提案に賛同の意を表した。

拍手がやむのを待って、彼は話を続けた。

「戦後三十年を振り返ってみますと、終戦直後の日本には、荒廃と物資の窮乏《きゅうぼう》に悩み苦しみつつも、民主主義という理想に向かう精神が躍動しておりました。

しかし、経済復興が進み、さらに、物質的豊かさに慣れた今日では、その精神も弱々しく、力を失ってきた感があります。そして、それは、教育の世界にも露呈されていると見るべきでありましょう」

伸一は、本来、最も優先されるべきは「人間」であるにもかかわらず、戦前・戦中は「軍事」が、戦後は「経済」が優先されてきたことを指摘した。そして、この順位を逆転させるには、教育という人間の育成作業から、突破口を開く以外にないと訴えた。

また、教育は、「未来への対応」であり、伸一自身、それを人生の最終事業と決め、世界の各大学を訪問して対話を重ね、教育の在り方を探究してきたことを述べた。そのなかで、パリ大学ソルボンヌ校を訪問した折、アルフォンス・デュプロン総長が、教育にとって何よりも大事なのは、〝よく聞くこと〟であると語っていたことを紹介した。

パリ大学は、ド・ゴール政権を揺さぶることになる、一九六八年（昭和四十三年）の「五月革命」の発火点となった大学である。それだけに、総長の言葉には重みがあった。

伸一は、講演を続けた。

「ここでいう〝よく聞くこと〟とは、学生のなかにあるものを引き出していくという意味でもあります。つまり、言葉による表現から、その奥にある精神の心音《しんおん》を、よく聞いていくということです。今ほど、それが、教育界に必要な時はないと、私は申し上げたい」

――「われわれに舌はひとつだが耳は二つ与えてくれた。話すことの二倍、聞くためだ」(6)とは、古代ギリシャの哲学者で、ストア派哲学の祖ゼノンの箴言《しんげん》である。

「〝よく聞く〟ためには、教育する側に、それだけのキャパシティー（容量）がなければならない。それは、大海のような慈愛の深みがあってこそ、可能となるのであります。

あたかも容量の大きなバッテリーは、それだけ多量の充電ができるのと同じように、心に奥行きのある、しかも吸収力と方向性を無言のうちに示す、人格の輝きと力量をもった教師像が望まれているのであります。

よき聞き手ということは、それ自体が、よき与え手となっていきます。そして、それには、常に、児童・生徒たちと共にいるとの姿勢が肝要なのであります」

ここで、伸一は、スイスの大教育者ペスタロッチが、身寄りのない子どもたちの教育に取り組んでいた時のことを記した、手紙の一文を紹介した。

「わたしは彼らとともに泣き、彼らとともに笑った」(7)

ペスタロッチは、身寄りのない子どもたちと常に一緒にいて、同じ物を食べ、彼らが病気の時は看病し、いつも彼らの真ん中で、共に寝たのである。

伸一は、訴えた。

「このペスタロッチの姿勢に、実は教育の基本的な在り方が示されていると思うのであります。もちろん学校教育の場にあっては、子どもたちと、起居《ききょ》を共にすることはできませんが、教育にかける、その情熱は、決して失ってはならない」

時代、社会の変動によって、教育の方法も変化しよう。しかし、子どもと共にあり、子どもを愛し、断じて守り抜こうとする心は、絶対に変わってはならない。そこに、人間教育の原点もあるからだ。

さらに、伸一は、めざすべき人間教育とは何かについて、論じていった。

「人間教育の理想は、『知』『情』『意』の円満と調和にあります。つまり『知性』と『感情』

と『意志』という三種の精神作用を、一個の人間のうちに、いかに開花させていくかが課題であります」

「知」は、ものを知る能力一般を意味し、理性や悟性も、そのなかに含まれる。さらには、情報洪水といわれる現代にあって、与えられた情報という素材を、自分で考え、処理する、高度な認識能力、すなわち思考力といえよう。

また、「情」は、快・不快を示す気分をはじめ、情緒、情操、激情などであり、いわば、精神の情的側面を意味している。

「意」は、欲望や本能といった自然的要求に基づくものではなく、明らかな意図に基づいて自己を決定し、なんらかの目的を追求するバネとなるものをいう。

「知」「情」「意」という精神作用を十全に開花させていくには、何が必要か——伸一の話は、いよいよ核心に迫っていった。

「それは、『自己の人間としての向上、完成をめざす主体性』であり、また『すべての人に対する慈悲《じひ》の精神』であります」

この二つの支えがあってこそ、「知」「情」「意」は、現にある人間の生活、社会環境を切り開いていく源泉となるのである。

しかし、古来、〝自己の完成〟と〝他者への慈悲〟は、仏法においても、背反《はいはん》するテーマとされてきた。自己完成をめざせば、利己主義に陥《おちい》ることになり、他への慈愛を追求していけば、自己犠牲に、そして、自己欺瞞《ぎまん》に陥りかねないからである。

このジレンマの繰り返しが、諸宗教の歩んできた足跡ともいえよう。

伸一は、声を大にして語った。

「この一体化の大道を開いたのが、法華経哲学であり、日蓮大聖人の仏法であります。宇宙本源の妙法を根源とした時、他への慈悲《じひ》の菩薩道《ぼさつどう》は、即《そく》自己の向上、完成となるのであります。

『御義口伝《おんぎくでん》』には、〝喜ぶ〟ということについて、次のようにあります。

『喜《き》とは自他共に喜ぶ事なり』（御書七六一ジベー）、また、『自他共に智慧と慈悲と有るを喜とは云《い》うなり』（同）と。この自他一体の原理は、御書に一貫して示されています。

ここに『知』『情』『意』を開花させ、自身の幸福と社会の繁栄のために寄与《きよ》しゆく、人間教育の基盤が完成されたのであります。

皆さんは、この妙法の哲理を持《たも》ち、日々、実践行動に励まれている教育者であります。その使命は、あまりにも大きい。

新しい時代の、新しい軸を確立させるには、新しい力による以外にありません。人間勝利の時代を開く若い力を育てることは、至難の作業であり、棹《さお》をもって星を突こうとするようなものだと考える人もいるかもしれない。しかし、だからこそ私は、あえて、それを、青年の皆さんに頼み、託したいのであります」

青年を信じることは、未来を信じることである。青年を育むことは、未来を育むことである――ゆえに、伸一は、一心に青年を信じ、その育成に、全身全霊を注いだ。

彼は、場内の若手教員たちに視線を巡らしながら、こう話を締めくくった。

「どうか、教育部の皆さんの手で、『教育革命の大情熱の火を点じてください』『未来社会を潤《うるお》す人間教育の、豊かな水脈をつくってください』と、心からお願い申し上げ、私のあいさつとさせていただきます」

決意と誓いの大拍手が轟いた。

この八月十二日は、「教育部の日」となり、教育部が教育本部となった二〇〇二年（平成十四年）には、「教育原点の日」と定められ、創価の人間教育を推進するメンバーの、誓いの日となっていくのである。

教育部夏季講習会で、伸一の青年への期待を痛感した青年教育者たちは、人間教育運動の先駆となって、若い力をいかんなく発揮していった。

一九七六年（昭和五十一年）一月六日に行われた第十回教育部総会でも、青年教育者たちの活躍が目立った。

教育部では、前年から、「人口急増地における児童の生活意識調査」を実施し、この総会で調査結果を発表した。その推進力となったのも、青年たちであった。

当時、大都市周辺では、盛んに団地の造成が進み、著《いちじる》しい人口の急増を招いていた。そうした地域での、児童の生活意識を調査し、教育の在り方を考えようとの趣旨のもとに、前年五月に、東京の多摩地域、愛知の春日井地域で調査を実施したのである。

以来、教育部では、「中学生の行動問題に関する意識調査」や「中学三年生に見る戦争と平和の意識調査」なども、各地で実施していった。

「認識しないで評価してはいけない」とは創価教育の父・牧口常三郎の教えである。子どもの意識を正しく認識し、新しき教育の道を開こうと、皆、懸命に奮闘したのである。

青年教育者たちは、自分たちの人間教育運動を知ってもらおうと、第十回教育部総会には、多くの教育関係者を招待した。青年たちは、運動を推進していくなかで、子どもたちが生き生きとし、目覚ましい成長を遂げていくのを実感してきた。彼らには、自分たちの運動に、教育の未来を開く確かなる道があるとの、強い確信と誇りがあった。その思いの発露が、教育関係者への呼びかけとなっていったのだ。

また、総会を記念して、青年教育者の人間教育実践の体験談集が、『体あたり先生奮戦記』として発刊されたのである。

青年たちは、この本を、真っ先に、山本伸一に届けた。伸一は、本を宝前に供え、題目を唱えたあと、ページを開いた。そして、一気に、最後まで目を通したのである。

そこには、都心の小学校で六年生二十人の担任となり、児童のすさんだ心を一新し、スポーツで、中学入試で、見事な成果を収めた、あの萩野悦正の体験も載っていた。

また、タバコ、シンナー、万引、恐喝、家出など、非行を重ねる八人の男子生徒に真正面から関わり、皆を更生させ、感動のなかに卒業の日を迎えた、広島県の高校教師の体験もあった。家にこもりきりであった五年生の女子児童の自宅に、毎日のように足を運び、心の絆を結び、登校するようになるまでを記した、埼玉県の女性教師の体験も掲載されていた。

伸一は、妻の峯子に語った。

「いい本ができたよ。先生方の苦闘と必死さが伝わってくる。みんな、何度も子どもに裏切られた思いをいだき、自信を失い、大きな壁にぶつかっている。それでも、〝どの子も使命があるはずだ!〟と、自分を鼓舞して、体当たりで突き進んでいった。

結局は、忍耐であり、執念であり、気迫であり、勇気だ。それは、教育に限らず、すべての分野で勝利する秘訣《ひけつ》だ。こうした真剣な教師が、続々と誕生していることが、私は本当に嬉しいんだよ」

山本伸一が「教育革命」を誓い合う日にと提案した教育部夏季講習会から一年後の、一九七六年（昭和五十一年）八月十二日には、東京・立川市市民会館で、「青年教育者実践報告大会」が開催された。

人間教育運動を実践してきた青年たちの体験を、活字ではなく、肉声で伝えようと企画されたものであった。

この日、五人の代表が登壇。体当たりの懸命な教育実践には、いずれも感動のドラマがあった。なかでも、大きな共感を呼んだのが、岡山県の女子高校の教員である、北川敬美《きたがわたかみ》の実践報告であった。

――北川が担任を務める三年生のクラスに、和子という生徒がいた。下宿暮らしで、生活は乱れ、ほかの生徒と喧嘩《けんか》を繰り返した。廊下ですれ違っただけで、「その目つきはなんだ！」と言ってからんだりもする。校則は無視し、パーマをかけ、マニキュアをし、超ロングのスカートで、ぺしゃんこにした鞄《かばん》を抱えて登校した。他の生徒の話では、酒を飲み、タバコはもとより、シンナーなども吸っているという。

彼女は、手に障がいがあった。生まれつき人さし指と中指が短かった。そのために、何度となく、いやな思いをさせられ、心はすさんでいったのであろう。

和子のこととなると、どの教師も、お手上げという状態であった。北川の胸は痛んだ。

青年教育者 実践報告大会
主催 創価学会教育部

〝校則違反を重ね続ける和子は、このままでは、学校にいられなくなる！　不自由な手という宿命に翻弄《ほんろう》されて生きてきた、十七年間の人生は、辛さ、苦しさの連続であったにちがいない。でも、それに負け、いつまでも自暴自棄になっていれば、ますます自分を不幸にしてしまう。その辛苦《しんく》を補《おぎな》って余りある、幸福な人生を生きてほしい。なんとかしなければ……〟

北川の挑戦が始まった。和子の幸せを祈って、懸命に唱題した。祈りに裏打ちされた、積極果敢な行動が、事態を開いていくのだ。

北川は、〝自分は、和子の校則違反を見て見ぬふりをすることはやめよう〟と心に決めた。また、心のどこかで、〝非行少女〟のレッテルを貼るようなことも、絶対にすまいと決意した。そして、自分がいつも見守っていること、成長してほしいと心から願っていることを知ってもらうために、毎日、厳しく注意した。

「ブラウスのボタンを留めなさい」

「違反の赤い運動靴を履いていたでしょ」

愛情の発露として受け止めてもらえるか。感情的反発を招き、逆効果になるのではないか――賭けであった。

最初、和子は、注意を無視した。「先生の顔なんか見たくない！」と言って、教室を飛び出していったこともあった。しかし、毎日、声をかけ続けた。

徐々に変化の兆《きざ》しが見え始めた。注意すれば、真っすぐに顔を見るようになった。希望の曙光《しょこう》を見た思いがした。

だが、ある教科の授業中、体の障がいについて触れた教師の言葉が、いたく和子を傷つけてしまった。教師が謝っても、彼女の心は癒《い》えなかった。翌日から、遅刻が続いた。兆し始めたかに見えた信頼の芽も、摘《つ》み取られてしまった。

北川は、〝もうだめだ!〟と思った。

〝でも、私が見捨ててしまったら、和子はどうなるの!〟と、挫《くじ》けそうになる自分を叱咤《しった》し、辛抱強く関わっていった。

一途《いちず》に、懸命にぶつかり抜いていくなら、通じぬ真心はない。心を通わせるということは、自身の〝あきらめ〟との闘いなのだ。

一月半ば、和子の代理と名乗る人物から、〝腹痛で学校を休む〟という電話が入った。不審に思い、下宿に電話をしてみると、〝学校へ行ったはずだ〟と言う。

心配で、心配で、仕方がなかった。

翌日、和子は何食わぬ顔で登校してきた。話をしたいと言うと、彼女は拒絶した。

「意味ないよ。先生は指がそろっている。私の気持ちなんか、わかりゃあせん」

北川敬美は、和子に、話し合おうと、何度も声をかけた。和子は、「まだ、お弁当を食べていないから」「掃除があるから」と、さまざまな理由をつけて、拒否し続けた。だが、とうとう話し合いにこぎ着けた。

北川は、同情では、和子は変わらないと思った。彼女のために、皆が、触れないようにしている手の障がいのことも、あえて言おうと心に決めた。でも、それは、人間関係に決定的な亀裂《きれつ》を生むかもしれない。自分の気持ちが、通じるように、ひたすら祈ってきた。

語らいが始まった。北川は、和子の目を見すえ、意を決して語った。

「あなたは、自分に都合の悪いことは、全部、その指のせいにしている。いつまで、その指に甘えるつもりなの！　世の中には、大病と闘っている人や、もっと大きなハンディのある人もいる。でも、みんな懸命に生きているのよ。親を恨み、反抗し、他人に当たり散らしても、自分が惨《みじ》めになるだけよ」

初め、無視するように横を向いていた和子の顔色が変わっていった。唇を震わせて、膝の上に置いた手を、固く握りしめ、怒りを押し殺している様子であった。

〝魂を揺さぶるつもりで、思いのたけを語り抜くのだ。中途半端では意味がない！〟

北川は、自分を鼓舞して語り続けた。

「たとえ、不自由でも、その手があったからこそ、今のあなたがあるんじゃない。あなたは、短い、その指を上手に使って、ノートを取り、箸を使っているじゃないの。心まで不自由になっては、いけないのよ。

これからは、その手を堂々と人前に出して歩ける自分になろうよ。あなたは、今まで、辛い思いをし、悲しい思いをしてきた分だけ、それ以上に、人の何倍も幸せにならなくてはいけないのよ。クラスのみんなに幸せになってほしいけど、特にあなたには、いちばん幸せになってもらいたいの……」

和子の目から大粒の涙があふれ、幾筋《いくすじ》も、頬を伝って流れ落ち、スカートを濡らした。

外は、既に夕闇に包まれていた。

翌日、北川は、〝さあ、これからだ！〟と自分に言い聞かせ、学校に向かった。職員室にいると和子が来た。

「先生、昨日は、すみませんでした」

照れくさそうに言い、そっと、手紙を置いていった。北川は、すぐに目を通した。

「私は、先生の期待をいっぱい裏切ってきました。先生に反抗したことも、数え切れないほどです。それでも先生は、今日の今日まで、私を信じ、本当に心配してくださいました。先生が、人の何倍も幸せになってほしいと言われた時、とっても嬉しかったのです。

こんな私ですが、そばにいて、私を叱ってください。私は、初めて思いました。私のことを本当に心配してくれる人が、親のほかにいることを。私は嬉しいんです。先生に出会えて本当によかったと思います」

以来、和子は変わっていった。明るい笑顔を、よく目にするようになった。クラスメートとの間にあった、厚い壁も取れていった。

遂に迎えた卒業式の日。北川は和子に、「幸せになるのよ」と言って送り出した。

明くる日、和子は、また、長文の手紙を届けに来た。そこには、彼女の尽きぬ感謝の思いと、決意が綴られていた。

北川と和子との交流は、卒業後も続くことになる。和子は、その後、看護師をめざし、病院で働きながら高等看護学校に通い、見事に夢を実現していく。手の障がいに負けることなく、明るく、生き抜いていく。

使命のない子など、誰もいない。皆が尊き使命の人なのだ——その不動なる確信に立つことこそ、人間教育の根幹といってよい。

——北川をはじめ、青年教育者たちの教育実践は、やがて、『体あたり先生奮戦記・第2集』に収録され、出版される。それを目にした山本伸一は、若手教師の奮闘に、創価教育の脈動を見る思いがした。

彼は、深い、祈りを捧げた。

〝青年教育者に栄光あれ！　そして、和子さんをはじめ、若き教師らの教え子たちよ。強くあれ、幸福であれ、人生の勝利者たれ！〟

一九七七年（昭和五十二年）二月六日、東京・信濃町で創価学園生と懇談した山本伸一は、午後七時半、創価文化会館内の広宣会館で開催されている、東京教育部の第一回勤行集会に向かった。

彼は、二十一世紀を「平和の世紀」「生命の世紀」「人間の世紀」としていくうえで、教育の担う役割の大きさを痛感していた。

それだけに、話しておきたいことはたくさんあったが、今日は、根本の信心の在り方について、語ろうと思っていた。

伸一が会場に到着した時には、予定されていた式次第は、ほぼ終わっていた。彼が姿を現すと、大きな拍手と歓声が起こった。

「こんばんは！　寒いところ、ようこそ、おいでくださいました！」

彼は、こう呼びかけ、皆と一緒に題目を三唱《さんしょう》すると、用意されていたテーブルと椅子を、もっと前へ移動するように言った。

「皆さんのなかに入り、懇談的に話をしたいんです。皆さんも、前に来てください」

皆が、伸一を取り囲むように座った。

「二十世紀の大きな出来事の一つは、人類の宇宙飛行といえるでしょう。八年前（一九六九年）、アメリカのアポロ11号が月面着陸に成功し、人類史上、初めて月面に降り立った、アームストロング船長の、『この一歩は一人の人間にとっては小さなものだが、人類にとっては偉大な躍進だ』との第一声を、皆さんも、よく覚えていると思います。

次元は異なりますが、それは、私どもの日々の前進についても言えます。広宣流布のための一つ一つの勝利は、小さなことのように思えるが、人類の恒久平和と幸福を築く、前人未到の一歩一歩です。そこから、人類史を画する新しい歴史が始まるからです。

さて、このアポロ11号は、サターン5型ロケットの先端に取り付けて、打ち上げられています。

そのロケット開発の指導にあたってきた立役者こそ、〝ロケットの父〟とも言われる、フォン・ブラウン博士でありました」

伸一は、ブラウン博士について語っていった。

――フォン・ブラウンは、一九一二年（明治四十五年）に、ドイツ東部のビルジッツ（ポーランド内）に生まれ、少年時代に宇宙旅行への夢をいだく。

「博士は、宇宙旅行を可能にするためのロケットを開発しようと心に決め、生涯、それを

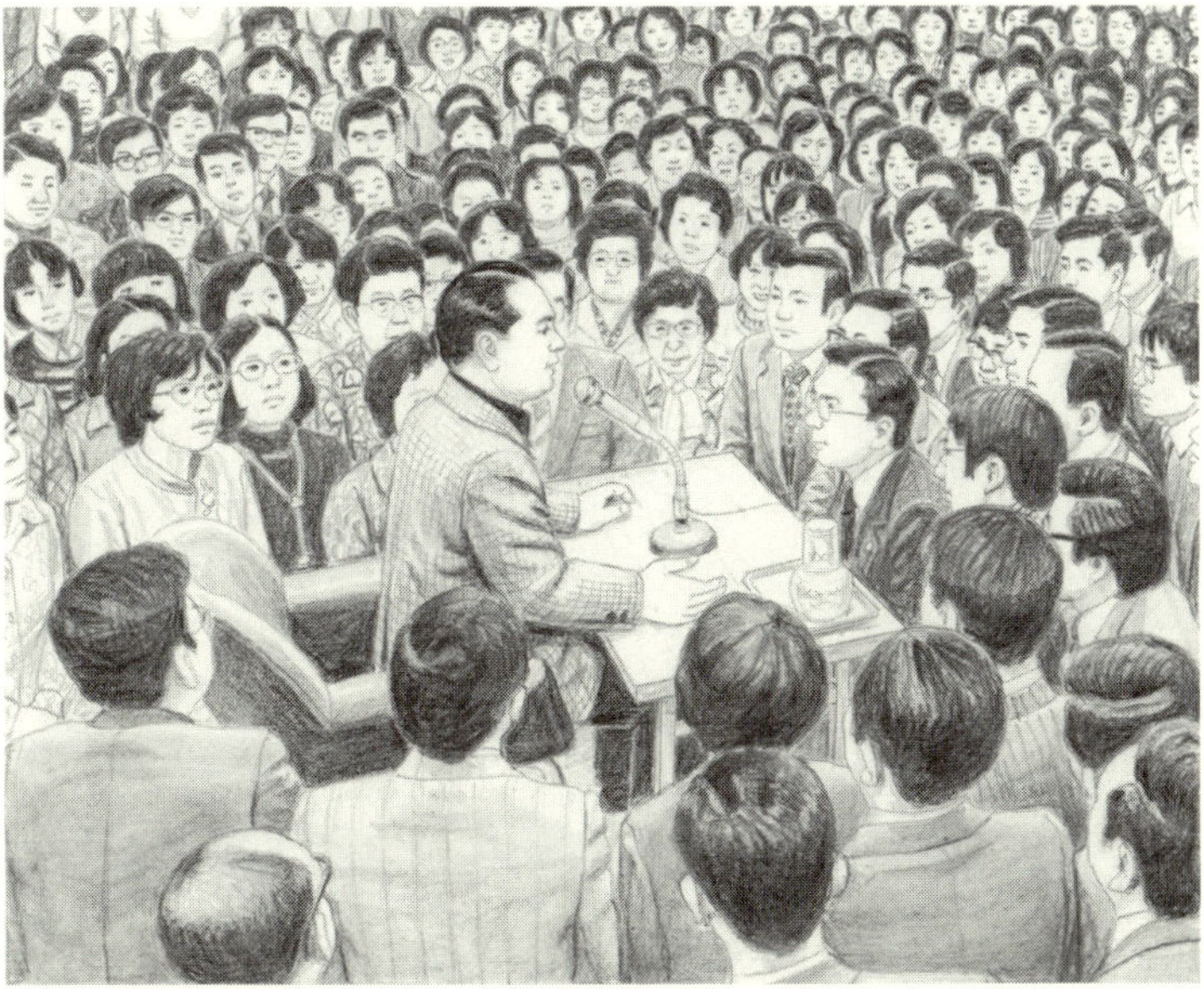

貫いていきました。

十二歳の時には、車に花火を取り付けたロケットの実験を行って大騒ぎになり、父親から激しく叱られる。しかし、彼は、あきらめずに、ロケットの実験を重ね、そのたびに、大目玉をくらいます。数学や物理学は落第点であったが、それがわからないとロケットの設計ができないことを知ると、猛勉強を開始します。やがて、大学を卒業し、ロケット開発の仕事に携《たずさ》わるようになります。

宇宙旅行という、博士の大きな夢を実現させる力となったのは、何があっても、絶対にやめないという、この〝貫徹精神〟にあります。決してあきらめずに、命の限り突き進む執念――それこそが、成功の母であり、勝利の原動力となっていきます」

時代は、ナチスによる暗黒の嵐が吹き荒れていた。博士も、その烈風に翻弄《ほんろう》されることになる。ロケットの開発研究を行うには、ドイツ軍の仕事に従事するしかなくなっていった。

そのなかでも、彼は、宇宙旅行のためのロケット開発の夢を捨てなかった。

〝自分の目的は、ロケット兵器の開発ではない。宇宙旅行を実現することだ〟

博士は、胸の思いを口にした。そのため、ナチスの秘密国家警察に逮捕されたのだ。

彼は、上司の尽力で釈放される。その約半年後、彼が中心となって開発したミサイルは、秘密兵器V２号となって、戦争で使用され、ロンドン郊外の町を破壊した。高性能の新兵器となってしまった。悔やまれて、悔やまれてならなかった。

新兵器はできても、ドイツの敗戦は、既に避けがたい状況にあった。

ブラウン博士らは、生命の危険を感じていた。新兵器製作の秘密を知り、その技術をもっている自分たちを、ドイツ軍や秘密国家警察が殺すことも懸念されたからだ。博士は、ドイツが連合国軍に敗れて、捕虜になるなら、自由の国アメリカの捕虜になろうと決めた。

彼らは、米軍に投降し、アメリカに渡った。博士は、この新天地で、ロケット開発に取り組み、次々と成功を収める。

しかし、夢である宇宙旅行が完全に成功するまで、決して満足することはなかった。

アポロ11号が月面着陸に成功し、地球に向かって帰り始めた時、記者会見に応じた博士は語った。

「きょうという日は、長年にわたるきつい仕事と希望と夢とが一つに結び合わされた日です。が、宇宙飛行士たちは、まだ地球にもどっていません。そのことをわたしは忘れることはできません。まだ、お祝いをするのは早すぎると思います」(8)

伸一は、ロケット開発にかける博士の生き方を通して、こう訴えた。

「私たちの信心の目的は、個人にとっては一生成仏《いっしょうじょうぶつ》です。そのために、絶対に排していかなければならないのは油断です。常に〝まだまだ、これからだ!〟と、自身に言い聞かせて、昨日よりも今日、今日よりも明日《あした》というように、自分を磨き、深め、仏道修行に励み通していくことが大事です。

人生の最終章において、〝自分は、真剣に戦い抜いた。何も悔いはない。学会員であってよかった。人生の喜びを心からかみしめている〟と、思えるかどうかです。

フォン・ブラウン博士は、宇宙への冒険に生きてきましたが、私たちの信仰は、内なる世界である生命の扉を開く、挑戦と探究の旅であり、冒険であります。恐れを知らぬ、あくなき冒険心を燃やし、勇猛果敢に、この道を突き進んでいこうではありませんか！」

伸一は、ここで話を転じて、キリスト教が、なぜ、普遍的な世界宗教として発展したのかを考察していった。

「その一つの理由は、キリスト教は、民族主義的な在り方や、化儀《けぎ》、戒律に縛《しば》られるのではなく、ギリシャ文化を吸収しながら、世界性を追求していったことにあるといえましょう」

民族や国家、あるいは、そこに受け継がれている文化や風俗、習慣が、教義の普遍性よりも先行し、絶対視されるならば、その宗教は世界化することはない。民族宗教や国家の宗教などとして終わってしまう。日蓮大聖人が、「其《そ》の国の仏法は貴辺《きへん》にまか任せたてまつり候《そうろう》ぞ」（御書一四六七ジペー）と仰せになっているのも、それぞれの地域の人びとの諸事情や文化を考慮し、仏法を弘むべきであるとのお考えの表明といってよい。

日蓮仏法は、本来、万人の生命の尊厳を説く、人類のため、人間のための宗教である。決して、偏狭《へんきょう》な〝日本教〟などであってはならない。したがって、日本の文化や風俗、習慣などに縛られる必要はないのである。

日蓮仏法の教えの「核」となるのは、宇宙の根本法である南無妙法蓮華経を信受し、どこまでも、「御本尊根本」「題目第一」に生きるということである。そして、共に地涌の菩薩《ぼさつ》として、広宣流布の使命に生き抜く師弟の、自覚と実践である。

伸一は、言葉をついだ。

「キリスト教が世界に広がった二つ目の理由は、病人や貧者、あるいは罪人など、社会の底辺であえぐ民衆のなかに飛び込み、民衆のなかで戦い抜いたことにあるといえます」

最も深い苦悩を背負った、一個の人間と向き合い、救済の手を差し伸べることは、万人に幸せの道を開こうとすることだ。そして、蘇生した一人の感動は、大きな共感の輪を広げる。また、民衆は社会の大地である。民衆に語り、民衆が納得し、その賛同と支持を得ることこそ、宗教興隆の確固不動の基盤となるのである。

伸一は、キリスト教は苦悩する民衆のなかに入って、戦いを開始していったがゆえに、権力からの迫害を宿命的に背負っていったことを述べた。

「だが、注目すべきは、キリスト教は迫害を受けるたびに、大きく民衆のなかに広がっていったという歴史的事実であります。

翻《ひるがえ》って、創価学会の広宣流布の伸展も、迫害と殉教の崇高な歴史とともにありました。初代会長の牧口先生は獄死され、第二代会長の戸田先生も、二年間の獄中生活を送り、学会は壊滅状態になった。しかし、戸田先生のもとに、本当の弟子が集い、学会は大発展しました。そこに、〝宗教の信念〟ともいうべき不屈の栄光の精神があります。

苦難の烈風に向かい、決してたじろぐことなく、高らかに飛翔《ひしょう》を遂げていく――これこそが、学会精神です。その心意気を忘れぬところに、発展と勝利がある。

また、裏返せば、障害があるからこそ、本当の力を出すことができるし、勝利への大飛躍ができるんです」

さらに、伸一は、キリスト教は世界宗教へと発展したが、中世になると、教会の勢力が増大し、結果的に教会主義に陥《おちい》り、民衆を権力に隷属《れいぞく》させてしまった側面があることに言及していった。

「教会は常に民衆の側に立つべきであり、神と人間の間に立ちふさがる障壁であってはならない。マルチン・ルターの宗教改革の原点も、まさに、そこにあったといえます。

また、真実の教会と人間の在り方というものは、集まっては、また、民衆のなかへ飛び込み、あくまでも民衆のため、社会のために貢献しゆく、動的な関係に貫かれていなければならない。この〝集合離散〟ともいうべき方程式こそが、信仰を触発し、精神を高まらしめ、宗教を発展させゆく根本の原理であることを、銘記してほしいのであります」

伸一は、創価学会が永遠に発展し続けていくためには、〝仏法の根本は何か〟を見失うことなく、大聖人の御精神という原点に回帰し、〝人類のために〟〝民衆のなかへ〟と、弛《たゆ》まざる流れを開いていくことが、必要不可欠であると訴えた。

そして、創価学会は、本源からの宗教改革、人間革命の運動を展開しており、一人ひとりが、その運動の主役として、社会に大きく貢献していってほしいと呼びかけた。

最後に彼は、こう語って話を結んだ。

「先師・牧口初代会長、恩師・戸田前会長をはじめ、学会の草創期を築き上げた先輩の多くは、教育者でありました。したがって、第二章の広宣流布、すなわち、世界の平和と文化の本格的な興隆の時代にあっても、教育部は、その先駆者であっていただきたい。その誇りを胸に、一騎当千の光り輝く主柱《しゅちゅう》へと成長しゆくことを、心から祈っております」

文豪トルストイは、「宗教は教育の基礎である」(9)と記している。それは、教育の場に宗教を持ち込むことではない。教育には、確たる人間観と幸福確立のための哲学が必要である。それを説いているのが仏法である。また、子どもの可能性を信じ、その幸せのために、どこまでも献身し、奉仕しゆく強靱な意志と情熱が必要である。この強き一念の源泉は、断じて子どもたちの幸せを築こうとする宗教的使命感である。

ゆえに、伸一は、教育部員が強盛なる信仰の人となるよう、自身の生命を削る思いで、激励したのである。

伸一は、三月三十日、静岡県の牧口園で行われた、第三東京本部（大田・品川区）婦人・女子部の、教育部研修会に出席した。

〝未来のために、今、なすべきことは、すべてなすのだ。時は待ってはくれない。全力を振り絞らずしては、終生、禍根《かこん》を残す！〟

伸一は、必死の思いで戦い抜いていた。

この研修会で彼は、人間教育実践の場について語った。

「御書には、『法妙《ほうみょう》なるが故に人貴《にんとうと》し・人貴きが故に所《ところ》尊し』（一五七八㌻）とあります。持《たも》つ法が最高に優れていれば、それを持つ人も貴い。持つ人が貴ければ、その人のいる場所も尊いとの意味です。

大聖人の仏法は、生命尊厳の法理であり、最高の人間革命の教え、すなわち、人間教育の大法であります。その法を実践する皆さんは、最高の人間教育の教師であります。そして、皆さんのいるその場所は、学校であれ、家庭であれ、地域であれ、すべて最高の人間教育の現場となるのであります」

教育部員に限らず、自分に連《つら》なる一切の人に、生命の触発を、希望を、勇気を与え、一人ひとりの秘めたる力を引き出し、幸福の道へと共に歩むことが、学会員の尊き使命であると、伸一は考えていた。

つまり、わが同志のいるところは、ことごとく人間教育の教室とならねばならない。そして、その先駆者こそが、教育部員であることを、伸一は訴えたかったのである。

研修会の最後に、彼は呼びかけた。

「皆さんが出した本のタイトル『体あたり先生奮戦記』のように、何事も〝体当たり〟で進まなければ、事態は開けません。〝体当たり〟とは勇気の行動です。必死であり、真剣勝負ということです。その時に、自分の殻を打ち破り、人生のドラマが生まれる。やりましょう！　人間革命の大ドラマを、共々につくろうではありませんか！」

伸一の励ましによって、教育部は、新時代の海原《うなばら》に、勇躍、船出していった。全国津々浦々に、「平和の世紀」「生命の世紀」を開く人間教育の潮流が広がっていったのだ。

人類の闇を破り、未来を照らし出すことができる光は、「教育」という太陽である。

引用・参照文献

〈文化の華〉
（1）以下、引用は『牧口常三郎全集 5』第三文明社
（2）以下、引用は『牧口常三郎全集 6』第三文明社

〈人間教育〉
（1）『牧口常三郎全集 6』第三文明社
（2）エリュアール『自由 Ⅱ』高村智編訳、北洋社
（3）『新渡戸稲造全集 7』教文館
（4）『牧口常三郎全集 9』第三文明社
（5）「法華玄義釈籤」、『大正新脩大蔵経 33』所収、大蔵出版
（6）『初期ストア派断片集 1』中川純男訳、京都大学学術出版会
（7）「シュタンツだより」長田新訳、『ペスタロッチー全集 7』所収、平凡社
（8）木村繁『フォン・ブラウン』国土社
（9）トルストイ『文読む月日 上』北御門二郎訳、筑摩書房

挿画　内田健一郎

第3章

提言・所感

全国教育者総会に寄せて（1984年8月25日）

教育の目指すべき道——私の所感

教育問題は、目下の国民的課題となっております。非行、校内暴力、登校拒否、無気力症など、いわゆる問題行動を氷山の一角として、世上、教育荒廃が論議されない日は、一日としてないといっても過言ではありません。

学校や家庭では、それぞれの立場から必死の取り組みがなされているようでありますが、総体的にみるならば、いまだ確たる処方箋《しょほうせん》は描かれていないのが実情でありましょう。荒廃の根は、それほど広く深い。

私も青少年の健全なる成長を願う者の一人として、今日《こんにち》の状況を心から憂慮《ゆうりょ》せずにはおれません。もとより私は、教育の専門家ではありませんし、様々に論議されている個々の教育方法なり制度上の諸改革の一つ一つに論及するつもりはありません。それらは、世界の動向と日本の内情をにらみ合わせながら、英知を結集して対処していくべき課題であります。ともかく拙速《せっそく》は避け、青少年をどう育成していくかが、日本の将来を決定づける生命線である、との強い決意をもって取り組んでいかなければならないと思います。

人間主導型の教育を

ただ、一つだけ私の信念として申し上げておきたいことは、教育改革が、政治主導型で行われてはならない、ということであります。

政治権力というものは、古来、教育に限らず、すべてを支配下におこうとする傾向性を持ちます。とりわけそれが顕著だったのが、明治五年（一八七二年）に学制が施行されて以来の日本の近代教育であったと言えましょう。

政治主導型のもとでは、国家目標が一切に優先します。〝殖産興業《しょくさん》〟や〝富国強兵〟のスローガンが錦の御旗《みはた》として掲げられ、教育は、それに奉仕すべきものとされてきました。欧米列強に伍《ご》するための近代化政策として、やむを得ない側面もあったでありましょうが、その過程で何が失われていったのかという点から、目をそらしてはならないと思います。

戦後の憲法や教育基本法のもとでの教育も、そうした弊害から逃《のが》れえたとは、とうてい言えません。

概括的に言えば、戦後の民主主義教育においても、支配的であったのは政治主導型の流れであったといってよい。国家目標が、戦前戦中の「軍事大国」から「経済大国」にすげ替えられただけであり、教育はここでも、それに奉仕するものとして位置づけられてきたといっても過言ではありません。

従って、国家目標が崩れ去れば、教育目標も宙に浮いてしまう。一九七〇年代から八〇年代を覆《おお》った教育荒廃の暗雲が、我が国の高度経済成長路線の挫折《ざせつ》と軌《き》を一《いつ》にしているのも、偶然ではないように思えます。

本来、教育の目的は、個々の人間の尊重、独立人格の形成というところにおかれねばならない。しかし現実には、国家や企業にとって価値ある人間、つまり、そういう機構、組織の中で効率よく効果を発揮する人間の育成というところに、教育が手段として用いられてきたという傾向性は看過《かんか》し得ない事実であります。

私が、かねてから立法、行政、司法の三権から教育権を独立させる「四権分立」構想を世に問うてきたのも、そうした政治主導型の教育がもたらす弊害や歪《ひず》みを取り除くことを念願するからであります。政府が音頭をとり続けてきた明治以来の近代教育の過程で、見失われてきたものは何か――それは「人間」の二字であります。

牧口常三郎初代会長は、長年にわたる教育実践と研究に基づいて、教育の目的を、次のように規定しております。

つまり、教育の目的は学者が定めるものではなく、他のだれかに利用されるべきものでもない。人生の目的がすなわち教育の目的と一致すべきであるとの観点から「教育は児童に幸福なる生活をなさしむるのを目的とする」（『牧口常三郎全集　5』第三文明社）としているのであります。

誠に平易にして明快なる規定といえましょう。更に、その「幸福」の内実について、三十余年にもわたる教育経験を通しての熟慮《じゅくりょ》をもとに、社会学的考察をも加えながら、独自の価値論を樹立し、解明されんとした牧口初代会長の業績に、私は、「人間」を凝視《ぎょうし》し続けた先覚の眼《まなこ》が感じられてならないのであります。

ここで、私の胸に響いてくるのは、教育権の独立、貧困の解決、自由民権の擁護《ようご》のために戦い抜いた〝民衆の詩人〟ビクトル・ユゴーの、剛毅《ごうき》なロマンチシズムを称えた叫びであります。

「光明は人を健《すこ》やかにする。

光明は人を輝かす。

あらゆる社会的の麗《うるわ》しい光輝は、科学、文学、美術、および教育から生ずる。人を作れ、人を作れよ」（『レ・ミゼラブル　4』豊島与志雄訳、岩波文庫）

明年（一九八五年）は、ユゴー没後百年に当たりますが、彼の言を待つまでもなく、教育の本義は、人を、人間をつくる点にあります。その意味からも、今後の教育改革にあたっては、従来の政治主導型から人間主導型への転換ということを、機軸に据《す》えていかなければならないと訴えたいのであります。最近は、戦後教育への疑問から、戦前の国家主義的教育を懐かしむかのごとき発言がしばしば聞かれますが、それは、歴史の教訓から何も学ぼうとしない態度であると言わざるを得ません。

さて、人間主導型の教育改革は、いかなる方向に推進されるべきなのか。これまでも種々様々な観点から論議、研究され指摘されてきておりますが、先に述べたように、私は制度的側面ではなく、それが依拠《いきょ》すべき理念、指標というべき側面を、私なりの観点から「全体性」「創造性」「国際性」の三点に絞って、問題を提起してみたいと思います。

皆さま方もご存じのとおり、これらの点については、私はこれまでも折に触れ訴えてきました。

「全体性」については、昭和四十四年（一九六九年）二月の第一回婦人部総会記念の一文「創造性ある〝全体人間〟たれ」をはじめ、四十五年八月の高等部夏季講習会、更に拙著『わたくしの随想集』等の中で述べてまいりました。

「創造性」についても、先述の第一回婦人部総会、四十八年四月の第三回創価大学入学式及び翌四十九年の第四回創価大学入学式、同じく四十八年三月の関東男子部総会、第十四回学生部総会、あるいは『私の人生観』『きのう　きょう』等において、その重要性を指摘してきました。

また「国際性」についても、昭和四十一年の『大白蓮華』巻頭言、四十八年の第三十六回本部総会、五十三年の第八回創価大学入学式、更には『わたくしの随想集』等々、国際人としての幅広い視野と教養を育むことの大切さを訴えてきました。

幸い、これらの主張は、世間一般においても、時代の要請する一つの大きな流れとなってきているようであります。最近も、ある識者は「国際性」「創造性」「人間尊重」の重要性について触れていましたが、「人間尊重」についても、私は生命尊厳の原点に立って幾百回となく訴えてきたつもりであります。

ここでは、それらの主張を総括する意味も含めて、「教育の目指すべき道」に関する一つの考察として論じてみたいと思います。

「知識」と「知恵」の調和こそ急務

第一に強調したい点は「全体性」であります。「連関性」と言い換えてもよい。ともかく、我々の周囲に生じてくる出来事や物事は、一つとして孤立して生ずるものはありません。すべては何らかの形でつながりをもち、一個の全体像を形づくっているのであります。

卑近《ひきん》な例でいえば、我々の身体一つ取り上げてみても、頭、手、胴、足、五臓六腑《ごぞうろっぷ》、更には個々の細胞へ……と、次から次へ細かな部分に分けられますが、それらは一つの身体として密接につながり合っております。身体と心とのつながりも無視することはできない。また、最近の深層心理学や生態学の成果が明らかにしているように、人間と人間、人間と自然・宇宙との関係を追っていけば、つながりは無限に広がっていくでありましょう。小宇宙（ミクロ・コスモス）と大宇宙（マクロ・コスモス）とは、不可分の関係にあり、絶妙なリズムを奏でているといってよい。

ゲーテのファウストの独白を借りれば、

「あらゆるものが一個の全体を織りなしている。

一つ一つがたがいに生きてはたらいている」（『ゲーテ全集 2』大山定一訳、人文書院）

のであります。そこには、見えざる〝糸〟によって結ばれた生命体としての全体像が浮き彫りにされており、それを感じ取ることは、古来、一つの知恵でありました。

ところが近代文明は、そうした知恵に背を向け、全体を絶えず部分へ部分へと分割する道をひた走ってきました。人知の発達という点から言えば、それはある意味では必然の流れであったかもしれない。しかし、その反面、物質面での多大な成果にもかかわらず、人間は自然はもとより人間同士のつながりをも断ち切られ、狭く閉ざされた、自分だけの孤独な空間の中で呻吟《しんぎん》せざるを得ない状況に追い込まれていってしまっているのであります。

これを、学問や教育の問題に置き換えてみると、「知恵の全体性」をなおざりにした「知識の個別性」の独走、と位置付けることができると思うのであります。人間の〝幸福〟や、よりよく生きるための〝価値〟とは無関係に知識のみが独り歩きし、肥大化している姿とも言えましょう。

明治の日本が近代化の緒《しょ》についていたころ、大教育者にして先覚の人・福沢諭吉は、早くもこのことに気づいていたようであります。彼は、こう言っております。

「彼の物知りと云《い》ふ人物は、物を知るのみにして物と物との縁を知らず、一に限りたる物事を知るのみにして其《その》物事の此と彼と互《たがい》に関《かかわ》り合ひあるの道理を知らざる者なり。学問の要は唯物事の互に関り合ふ縁を知るに在《あ》るのみ。此物事の縁を知らざれば学問は何の役にも立たぬものなり」と。

更に福沢は、こうした「物知りにして物の縁知らず」は「字引に異ならざる者なり。強《し》ひて其異なる所を云はんとならば、紙の字引は飯を喰《く》はず、人の字引は飯を喰ふの相違あるのみ」（『福沢文集』、『福沢諭吉全集 4』所収、岩波書店）――つまり、無為徒食《むいとしょく》の存在であると痛烈に攻撃しております。

申すまでもなく福沢は『学問のすゝめ』を著《あらわ》し、広く学の研鑽を促し、自らも実行した人であります。彼が排撃したのは、学問や知識それ自体ではなく、学問のための学問、知識のための知識でありました。

私は、福沢のこうした言葉を、単に効用主義、実用主義の観点からとらえてはならないと思います。

周知のごとく「縁起《えんぎ》」や「因縁《いんねん》」などの語源に明らかなように、「縁」とは、本来、仏法用語であります。その深義はさておき、福沢が「縁」といっているのは「つながり」ということであります。それは物と物との「縁」であると同時に、物事と自分との「縁」ということであります。学問や知識が自分自身にどうつながり、いかなる意味を持つのかという、言うなれば「全体性」への志向であります。そこに私は、あらゆる精神の働きを統御《とうぎょ》する軸として「生きることが第一《プリムム・ヴィヴェレ》」（『思想と動くもの』河野与一訳、岩波書店）という命題を掲げた、かのベルクソンと同様の志向性をみるのであります。

たしかに近代科学の発展の経緯を振り返ってみれば、知識のための知識追求を発条《ばね》としてきたことは事実であります。しかしその結果、核兵器が出現し、幾多の有害物質が公害をまき散らすとなれば、否応《いやおう》なく科学者の社会的責任が問われます。知識が、自分や人類の運命とどう「縁」や「つながり」を持つのかを問い直さざるを得なくなるわけであります。

より教育現場に即して言えば、最近私は、若者が古典・名作を読まなくなったという声を、よく耳にします。受験用のダイジェストな知識は持っているが、それ以上は知らないし知ろうともしない、という。視聴覚時代とはいえ、誠に憂慮すべき傾向であります。

古典についてのダイジェストな知識などはそれこそ受験のための知識、知識のための知識にすぎない。古典を読むということは、優れた文人の魂と「縁」することであります。それによって自我が磨かれ広がり、自己の成長が図られるのであります。

そうした精神的鍛《きた》えは、原典に真正面から取り組む以外になく、ダイジェストな知識などでは、とうてい不可能といってよい。その労苦を避けていては、表面的な知識のみは豊富でも、精神構造は人間としての豊かさや潤《うるお》いのない浅薄で偏《かたよ》った人間に育っていってしまうでありましょう。

古典に限らず、すべての勉学面で「知識の個別性」を「知恵の全体性」へとつなげていく努力を、教師も生徒も、常に怠ってはならないと思います。受験をはじめ制度面での歪《ゆが》みを取り除くことも当然、必要であります。

とともに、こうした努力がなされれば、多少の制度悪などは包み込み、乗り越えていくスケールの大きな人材が育っていくに違いない。自分だけ良ければ、という小さなエゴイストではなく、「知恵の全体性」を問いながら、自分の生き方を人類の運命にまで連動させゆく

1976年から始まった全国人間教育実践報告大会（2013年、広島市内で）

「全体人間」ともいうべき俊逸《しゅんいつ》の育成こそ、教育の本義であることを、私は信じてやまないのであります。

「創造性」は人間の勲章

第二に訴えたい点は「創造性」ということであります。

思うに創造性ということは、人間に与えられた勲章であり、人間が人間であることの証《あかし》とは言えないでしょうか。人間のみが、能動的かつダイナミックに、一日そしてまた一日と、より高きものを目指し、新たな価値創造の営みをしていける存在なのであります。

「創造性」とはまた、個性を開花させてゆく母体でもあります。人間は千差万別であり、それぞれに個性をもっております。しかし多くの場合、個性は全面的に花開く前に、蕾《つぼみ》の段階でしおれていってしまいがちであります。具体的に言えば、個性の輝きというよりも、一種の性癖《せいへき》の段階で凝固《ぎょうこ》してしまっている場合が、間々《まま》みられる。「創造性」とは、そうした偏頗《へんぱ》な凝固を溶かし、より満ち足りた開花へと内奥からうながす力であり、母体なのであります。いわゆる仏法で説く「桜梅桃李《おうばいとうり》」の法理とは、そうした生命の内奥より発する個性の開花を意味しているのであります。

ゆえに「創造性」とは、優れて内発的な力であります。かつて、第一次世界大戦後の灰燼《かいじん》の中に、学窓を巣立っていくイギリスの少年達に、ホワイトヘッドは「あらゆる成長の不可欠の源泉が諸君自らの内部にあるという事実」をつかめと訴えました（『教育の目標』杉本正二訳編、万流社）。知識はいくらでも外部から注入することはできますが、「創造性」や「創造力」は、何かが触発となって内より発してくる以外にないのであります。

こうした「創造性」の開発、すなわち人間の陶冶こそ、学校をはじめとする今日の教育現場で、最も希薄になっていることの一つではないでしょうか。

青少年は、善《よ》い方向にも悪い方向にも向かいゆく可能性の当体であります。広く教育に携《たずさ》わる者として重要なことは、どれほど深く強く、その青少年一人一人の「創造性」を信じ、温かく育み、粘り強く開花させていくかということでありましょう。

たしかにここでも、受験技術の習得など、制度面の歪《ゆが》みがもたらす要因が、大きな壁となっている事実を、私は否定するつもりはありません。しかし、そこにすべてを帰因させていては、無責任のそしりを免《まぬか》れない。「創造性」を薫発《くんぱつ》しゆく土壌は、人間と人間との打ち合いにあるからであります。無償の信頼関係に支えられた、ある時は厳しく、ある時は温かい魂と魂との打ち合いと鍛えの触発作業をとおしてこそ、創造的生命というものは、泉のごとく湧き出してくるからであります。

私の脳裏《のうり》には、プラトンが有名な『書簡』の中で述べている言葉が、鮮やかによみがえってまいります。

プラトンは、少しばかり彼の話を聞いたり著書を読んだだけで知った風な顔をしている人々に対し、「これらのひとたちは、（中略）肝心《かんじん》の事柄を、少しも理解している者ではありえない」として、次のように述べております。

「そもそもそれ（＝肝心の事柄）は、ほかの学問のようには、言葉で語りえないものであって、むしろ〔教える者と学ぶ者とが〕生活を共にしながら、その問題の事柄を直接に取り上げて、数多く話し合いを重ねてゆくうちに、そこから、突如として、いわば飛び火によって点ぜられた燈火のように、〔学ぶ者の〕魂のうちに生じ、以後は、生じたそれ自身がそれ自体を養い育ててゆくという、そういう性質のものなのです」（『書簡集』長坂公一訳、『プラトン全集14』所収、岩波書店）と。

誠に精妙な筆の運びといってよい。プラトンの言う「肝心の事柄」とは、彼の哲学の精髄《せいずい》部分に連なるものであり、恐らく、人類最大の教師の一人であった師・ソクラテスの薫陶《くんとう》のもとで学び取ってきた体験が、二重映しにされているでありましょう。それはかなり高度な精神的営為であることも事実であります。

それと同時に、プラトンの言う「突如として、いわば飛び火によって点ぜられた燈火のように、〔学ぶ者の〕魂のうちに生じ、以後は、生じたそれ自身がそれ自体を養い育ててゆく」という触発作用は、広く現代の教育現場にも敷衍《ふえん》することのできる課題であると思います。青少年を一個の人格と見、人格と人格との切磋琢磨をとおして何ものかを伝えていくことは、知識の伝達にもまして、教育の基幹だからであります。

ご存じのように、日本の伝統社会には地域によって子育てを〝子やらい〟と呼ぶ習慣がありました。〝子やらい〟とは、子どもを前にやり、あとから押してやるという意味で、子どもの自立心を養うことに重点がおかれていたようです。柳田国男は「ちやうど今日の教育といふものゝ、前に立つて引張つて行かうとするのとは、まるで正反対の方法」（柳田国男「四鳥の別れ」、大藤ゆき『児やらい』所収、岩崎美術社）と言っております。

そうした習慣は、一定のカリキュラムを立て、それを修了するまでは青少年を「半人間」もしくは「未人間」とみなしがちな近代教育の知識偏重の傾向に対して、一つの重要な教訓を投げかけております。

人類学の分野では、近代文明が見落としてきた三つの大きな要素——未開、無意識、子ども——の発見が、二十世紀の三大発見とされている、と言う。たしかに子どもの発見、すなわち青少年の独立した人格をどう認め、評価するかという点では、現代教育は、大きな曲がり角にさしかかっているといってよいでしょう。

ともあれ、青少年の内に秘められた創造力を薫発《くんぱつ》していくには、教える側の努力が不可欠であります。忍耐が、勇気が、愛情が必要であります。人間を教え育んでいくためには、教師自らが人間的魅力の輝きを放っていなければなりません。

ソクラテスの感化力を、世人が〝シビレエイ〟のようだと評したのに対し、彼は、シビレエイは、自分がシビれているからこそ他人をシビれさせることができるのだ、と応じました(『メノン』藤沢令夫訳、『プラトン全集 9』所収、岩波書店、参照)。

とすれば、青少年の「創造性」の薫発は、まさに、教師自身の努めて創造的な日々の中にこそあると思うのであります。でなければ、いくら「創造性」の開発などと言っても、それは絵に画いた餅に終わってしまうのであります。

コンピューター社会が進行し、教育の場にも様々な機器が導入され、ますます効率と便益を増していくでありましょう。それはそれとして結構なことであります。しかし、その反面で、先に触れたような努力、忍耐、勇気、愛情といった古くて新しい人間的な徳目が、更には創造的生命力が枯渇《こかつ》してしまったならば、本末転倒のゆゆしき事態であります。

学問に王道がないように、教育にも王道はないのであります。その意味からも私は、我が教育部の皆さまが「勇気ある関わり」「慈愛あふれる関わり」等をスローガンに人間教育に携《たずさ》わり、社会的にも大きな評価が寄せられている幾多の結晶を勝ち取っているという事実に、絶賛の拍手を惜しまないものであります。

幅広い教養の国際人たれ

第三に「国際性」であります。国際化時代が加速度的に進行する中で、有能な国際人をどう育成していくかは、日本の将来の死命を制するほどの重要性を持っているといっても過言ではありません。

善《よ》かれあしかれ、現代の日本は、世界でも有数の「経済大国」となっております。最近の貿易摩擦が示すように、その日本がどういう方向を目指すかは、世界の動向に重大な影響を及ぼします。私も何回かお会いしているキッシンジャー博士によれば、「経済大国」が「軍事大国」化しない理由は、歴史的にみて考えられないそうであります。しかし、過去の歴史がどうあれ、今後の日本が平和と繁栄を享受《きょうじゅ》していくには「軍事大国」以外の道を歩むほかなく、よしんばそれが未踏《みとう》の道であっても、先駆の誇りと勇気をもって切り開いていかねばならないでありましょう。

それを私は、かねてより「文化立国」と申し上げているのであります。私も一民間人として、これまで様々な試みを行ってきましたが、文化交流のもたらす相互理解というものは、一見華々しくはなくても、偉大な力を持つことを痛感しております。

これに関連して、最近ある本を読んでいたら、日露戦争終結時にまつわる一つのエピソードが語られていました。

――戦争末期、日露両国を仲裁してくれる国を探すため、アメリカには金子堅太郎、イギリスには末松謙澄の二人が、政府の秘密指令を帯びて派遣された。当時のルーズベルト大統領は、金子とハーバード大学の同級生ということもあって「君のためにつくそう。ところで国民に日本を何といって宣伝したらいいんだ」と言った。それを予期していた金子は、新渡戸稲造の『武士道』を手渡した。すると大統領はそれを一晩で読み、「この本で日本人がわかった。アメリカ人に宣伝してやろう」と、仲裁に乗り出してくれた。

ところが末松のほうは、サロンに顔を出しては「旭日昇天のごとき日本」といった、今でいうGNP風の誇示と宣伝にのみエネルギーを費やしていたので、嘲笑《ちょうしょう》を買うばかりであった、と。

文化の持つ力を象徴的に物語るエピソードと言えましょう。残念ながら日露戦争後の日本は「軍事大国」への道をひた走ってしまいましたが、今日の「経済大国」日本も、それが文化の力によって裏打ちされない限り、極めて危《あや》うい岐路《きろ》に立たされているということを、私は訴えたいのであります。

「文化立国」を目指すには、何といっても人であります。語学にも堪能《たんのう》で幅広い教養を身につけた、力ある国際人を数多く育成していく以外にありません。その点、実際の役に立たない、と悪名の高かった日本の語学教育も、最近は随分改良が加えられているようであり、喜ばしいことであります。

とともに、私が強調したいことは、語学に堪能であることは、国際人としての必要条件ではあっても十分条件ではない、ということであります。国際人として立ちゆくには、政治や経済の実用的知識にとどまらず、自分の国の伝統文化への造詣《ぞうけい》と相手の国のそれへの理解――すなわち、幅広い教養が要請されるのであります。

その教養とは福沢諭吉の言う「物知り」ではない。立ち居振る舞いにいたるまで、自らの人格に刻み込まれてこそ、真実の教養であります。「文化とは生き方である」とのエリオットの名言があるように、それは、付け焼き刃の知識などではなく、マナーやしつけをはじめ、小さいころから教え込まれていなければ、決して身につかないものなのであります。その意味で「文化立国」とは「教育立国」でもあります。

かつて森鷗外《おうがい》は「二本足の学者」の必要性を強調しました。

「私は日本の近世の学者を一本足の学者と二本足の学者とに分ける、新しい日本は東洋の文化と西洋の文化とが落ち合つて渦を巻いてゐる国である、そこで東洋の文化に立脚してゐる学者もある、西洋の文化に立脚してゐる学者もある、どちらも一本足で立つてゐる、（中略）

そこで時代は別に二本足の学者を要求する、東西両洋の文化を、一本づゝの足で踏まへて立つてゐる学者を要求する、真に穏健《おんけん》な議論はさう云《い》ふ人を待つて始て立てられる、さう云ふ人は現代に必要なる調和的要素である」（『鼎野先生』、『鷗外全集 26』所収、岩波書店）と。

鷗外自身、和漢洋の文化に通じた大教養人でしたが、ともかくこの指摘は、今なお未解決にして喫緊《きっきん》の課題を提起しているといえましょう。学者に限りません。「二本足」とは、要はバランスのとれた幅広い教養と受け止めていってよいと思う。国際化の進行しゆく今、鷗外の時代にもまして「現代に必要なる調和的要素」を兼ね備えた人材群の輩出が要請されているのであります。

このバランスや調和という観点から、最近気になっていることを、一点申し上げておきたい。それは、ここ数年来ブームとなっている昭和史の歩みの中で〝排外主義〟と〝拝外主義〟

の振幅《しんぷく》が、あまりに激しすぎるということであります。

戦前、戦中の神がかり的な国粋思想、〃排外〃的な行き方は論外としても、その反動として戦後は、日本の歴史の中の良質な部分までが等しなみに軽視、あるいは無視されてきた。すなわち〃拝外〃であります。最近では、それへの揺り戻しのようなものが、力を増してきているようでありますが、もしその流れが「経済大国」の傲《おご》りと重なったならば、またしても日本を危険な方向へ導いてしまうであろうことが、懸念《けねん》されてなりません。

私が申し上げたいことは〃排外主義〃も〃拝外主義〃も、コインの両面のようなものであり、ともに自信と主体性のなさの表れであるということであります。自信がないからこそ揺れ動き、アンバランスになってしまうのであります。そのような状態で、いくら「世界に目を」と叫んだところで、とうてい真の「国際性」の名には値《あたい》しないでありましょう。

経済力や軍事力は、思い上がりは生んでも自信はもたらしません。文化こそ自信の揺籃《ようらん》であります。その意味では、教育の現場にあっても、例えば日本語の正しい使い方、古典や伝統芸術への造詣など、日本文化のかけがえのない遺産の習得には、もっともっと力を入れていってよいと思っております。外国語の学習一つとってみても、日本語の正しく豊かな習熟がなければ、どこかで行き詰まってしまうからであります。

私の見聞からいっても、国際社会で通用し、厚く遇されている人々は、まず〃魅力ある日本人〟としての個性の輝きを持っているものであります。〝良き日本人〟であることは、〝良き国際人〟であることと、決して矛盾《むじゅん》せず、むしろ、両々相まって真実のコスモポリタン（世界市民）たりうるのであります。教育の場に要請される「国際性」も、そうした方向を目指していくべきではないでしょうか。

以上、「全体性」「創造性」「国際性」を視座においた人間教育の重要性を述べてきました。言うまでもなく教育制度の改革も、そこに拠《よ》って立つべき明確にして深い理念があって初めて、その目的を成就《じょうじゅ》できるものであり、私が非才をかえりみず、あえてここに三つの視座に言及した理由もそこにあります。

そこで私が期待したいことは、具体的な教育実践の中で、新たな青少年観、成長発達観を練り上げ、皆さまの手で今日的な教育理論を構築していっていただきたいということであります。

牧口初代会長は、だれにも劣らない情熱をもって、教育に携《たずさ》わるとともに、厳しいまでに冷徹な科学的態度をもって教育事実を記録し、その蓄積を『人生地理学』をはじめとする教育理論にまとめ上げ、ついには『創価教育学体系』へと構築していったのであります。

戸田第二代会長もまた、優れた教育者でもありました。公立学校での教育経験や、時習学館という自ら創設した教育機関での実践をもとに『推理式指導算術』をまとめられたのであります。こうした尊い伝統と情熱は、我が教育部の中にも、脈々と受け継がれているでありましょう。

今後も教育実践報告大会、研究発表大会を充実させ、更に教育活動の基本である授業記録の着実な蓄積を期待したいのであります。こうした皆さまの営々とした努力こそ、やがては一波が万波を呼び、二十一世紀への偉大な潮流となっていくことを信じてやみません。

教育国連を考える「世界教育者の会」を

さて、周知のとおり、明年（一九八五年）は「国際青年の年」であります。時代を開く活力、豊かな創造性を持った青少年が大いに交流し、グローバルな視野に立って、二十一世紀の地平を切り開いていく使命を自覚する年になってほしいと願ってやみません。教育に携わる関係者の責任もそれだけに重大であります。その意味から、私はここで、何点か、具体的な提案を申し上げておきたいと思います。

第一に明年、ハワイ（あるいは広島）で「第一回世界教育者会議」を開催してはどうかと提案するものであります。

各国の教育の現場に直接携わる者、あるいはその関係者の代表が一堂に集い、グローバルな視点から教育の現状を論じ合い、新しい時代にかなった教育の在り方を模索することは大変に意義のあることだと思う。

この会議において、仮称「教育国連を考える世界教育者の会」を発足させてはどうか。かねてから私は世界的次元での「四権分立」的発想に立った「教育国連」の必要性を主張してまいりました。現在、ユネスコ（国連教育科学文化機関）が抱える様々な問題を思うにつけ、二十一世紀の人類の教育を考える国際機関を民衆の英知を結集しつつ求めていくことが必要不可欠になっていると痛感いたします。

もとより、この問題は相当な準備と時間がかかることは言うまでもなく、この世界教育者の会を更に進め、各地域ごとの実情を踏まえた「教育国連構想ヨーロッパ準備会議」や「アジア準備会議」等の必要な時が必ずやってくると思うのであります。

どんなに時間がかかろうとも、教育の問題は一歩一歩地道に積み上げていく以外にない。だが、地下水脈は必ずや地表の凍《い》てつく大地を突き破って噴出してくるものであります。その意味で皆さま方の忍耐強い努力をお願いしたい。

更に「世界教育者会議」では、「二十一世紀教育宣言」の採択を考えてはどうか。

全地球的な課題を踏まえつつ、人類として、人間として二十一世紀の教育がどうあるべきかを徹底的に論議し煮《に》つめてほしい。そして、誰人も納得しうる宣言を提起していっていただきたい。この宣言をもって各国各地の教育者が、自らの住む地で賛同の輪を広げ、二十一世紀への人間教育の大きなうねりとしていくことができれば、教育者の連帯も、青少年の活力も一段と豊かなものになっていくことでありましょう。

次に国際的な教育交流の今後について、一言触れておきたい。これまで私は創価大学の創立者として各国の大学を訪れ、教育交流を進めてまいりました。引き続き今後も、この道を更に耕し、肥沃《ひよく》な交流の大地としてまいる決意ですが、その点を線につなぎ面として拡大するために、教育者の皆さまの一段の努力もまたお願いする次第です。

ご存じのとおり、先ごろ（一九八四年）、創価学園の社会科教諭による第一次訪中団が敦煌をはじめ中国の各地を訪問し、中国の教育界のメンバーと有意義な交流を進めてまいりました。教育部においても、すでにソ連、中国に教育交流団が派遣されておりますし、多くの教育部員が、アメリカ、ヨーロッパ、東南アジア等、教育交流を進めております。

私は、更にこうした教育者の交流を可能なところから各国に広げ、重層的な教育交流の実を挙げていってほしいと念願するものであります。

また、将来的には教育部の先生方が中心になって協議し、各国に少年・少女平和使節団の派遣も考えていってはどうか。春秋に富んだ若き世代が友好交流の輪を広げることこそ、二十一世紀の明るい未来を約束するものであると確信するからであります。

更に将来的な構想を申し上げれば、「創価教育賞」を設け、教育界で大きな足跡を刻んだ人達の功を称え、人間教育興隆の一石としていってはどうかと考えるものであります。二十一世紀を担う主人公はまぎれもなく現代の青少年でありますが、彼らの生命の扉を開く主体者は何といっても、直接かかわっている教育者であります。

その意味で言えば、教師の胸中の一念の中にこそ、青少年の限りない成長も、時代変革の活力も秘められているといっても決して過言ではありません。この教師の強い一念はまた、父母の行動に、そして地域社会のうえに反映していくことは間違いありません。

その現実の証《あかし》を、教育部の皆さま方が、勇気と情熱と、慈愛あふれる日々の行動でもって示していっていただきたいことを念願して、私の所感とさせていただきます。

創価学会創立70周年記念「教育提言」（2000年9月29日）

「教育のための社会」目指して

二十一世紀の開幕を前にして、今あらためて教育にスポットが当てられております。そこで、最近のさまざまな教育改革論議の動向についての私の率直な感想と、若干の具体的提案を行ってみたいと思います。

昨今、〝不登校は、どの子にも起こりうる〟といわれます。先日も、文部省（＝現・文部科学省）の一九九九年度の学校基本調査で小・中学校での不登校が十三万人を超えて過去最高だったことが報告されていました。小学校では二百九十人に一人、中学校では実に四十人に一人、一クラスに一人が苦しんでいるのです。

いじめによる自殺等の悲劇も後を絶ちません。世界的に懸念《けねん》されている薬物汚染までもが、不気味な広がりを見せています。

加えて、近年の十四、五歳の少年による殺傷事件の続発、本年に入ってからも十七歳の少年による主婦殺害や高速バス乗っ取り事件、金属バット殺人事件等が、日本中を震撼《しんかん》させております。

教育に携《たずさ》わる人々や青少年の心理に詳しい専門家による原因の分析や対応が待たれるとしても、率直にいって、その闇の巨大さのあまり、大人たちがどうやっていいか分からず、呆《ぼう》然《ぜん》と立ち竦《すく》んでいるというのが実情ではないでしょうか。

未来を担う青少年の健全な成長を願う一人として私自身、もう十六年も前（一九八四年）のことになりますが、創価学会の全国教育者総会に寄せて「教育の目指すべき道――私の所感」と題する「提言」（『池田大作全集 1』収録）を発表しました。

教育改革は政治主導ではなく、人間主導型でなされるべきであるとして、それが依拠《いきょ》すべき理念、指標といった側面から「全体性」「創造性」「国際性」を具《そな》えた人間像を提示しました。

当時も、教育荒廃が憂慮され、非行、校内暴力、不登校等が、子どもたちに直接かかわる親や教師はもとより、多くの心ある人々を嘆《なげ》かせていたことが思い起こされます。

十五年以上を経過した今日《こんにち》（二〇〇〇年）、関係者の努力にもかかわらず、残念ながら事態は一向に改善されないばかりか、それらの問題群が常態化するとともに、新たな問題すら発生しているのであります。

人間を成熟させる教育の機能不全

特に、最近、深刻になっているのが、〝学級崩壊〟と呼ばれる現象です。生徒が教師のいうことを聞かず、クラスがコントロール不能の状態に陥《おちい》ってしまう。かつては中学校段階等に顕著《けんちょ》だったこの現象が、ここ数年は小学校の低学年にまで及んでいる。ひどいところでは幼稚園から小学校に入ってくる段階で子どもたちがバラバラで、学級そのものが成立しないといった状況すら生まれているようです。子どもたちに責任を持つべき教師の側でも、三分の一がクラス担任をやめたいと思ったことがあるという調査結果もあります。（「毎日新聞」一九九九年四月七日付、参照）

このままでは学校というシステムそれ自体が機能しなくなるような事態さえ起こりかねません が、不登校やいじめ、あるいは学級崩壊という問題とともに教師や学校を悩ませているのは、学力低下の問題かもしれません。算数や数学、あるいは理科嫌いに象徴されるように、勉強嫌いが憂慮されています。

各種の調査が示しているように、日本の子どもたちの学力は全体的に低下傾向にあり、そのしわ寄せを受けた高等教育の場では、一部で、授業が理解できない大学生たちに、予備校の教師に依頼して補習授業を行うといった悲喜劇さえ、しばしば伝えられています。

このいわば子どもたちの〝学びからの逃走〟傾向を、子どもたちが先人の知恵に学び、後《のち》の世代に伝えていく人類の共有財産を身につけ、創造への糧《かて》としていく力を培《つちか》う大地であるべき教育の敗北といえば、厳しすぎるでしょうか。

二〇〇二年から完全実施される学校週五日制をにらんで、文部省が改訂した新学習指導要領の志向する「ゆとり教育」のもとで「生きる力」を養おうという方向性は、子どもたちの〝学びからの逃走〟の主因が、従来の知識偏重の詰め込み教育や過激な受験戦争にあったとして、その反省を踏まえての軌道修正なのでしょう。

しかし、それが総合的な学力アップや〝学びへの復帰〟につながるかどうか、疑問視する声もあります。すなわち、現状のまま授業時間を短縮すれば、余った時間は、自主的な学習などより、一部は塾通いを過熱させ、一部はテレビやゲームに向けられてしまうなど、必ずしも狙い通りにはいかないであろう、と。

私も、その懸念を共有します。なぜなら、たしかに不登校問題に象徴されるような子どもたちの苦しみは、一刻も放置しておけませんが、かといってこの問題が、学校教育の制度的改変などで解決に向かうような根の浅いものとは、とうてい思えないからです。

子どもたちの不登校や問題行動、〝学びからの逃走〟傾向といった病理の背景には、学校に限らず地域や家庭など、社会総体が本来有《ゆう》しているはずの教育力の衰弱という根因が巣くっている。

人間とは、広い意味での教育によって人間に成ることのできる存在であるとすれば、人間が真に成熟していくためのシステムそのものが、現在のわが国では、機能不全に陥《おちい》っているのではないでしょうか。

その機能不全が、子どもという最も弱くかつ鋭敏な部分に集約的に噴出しているのであり、その意味では「子どもは社会の鏡」であるという古来の知恵は、我々が教育について考える際に絶対に忘れてはならない不磨《ふま》の鉄則なのです。

大人のモラル低下が招く弊害

そういうと、一切を本質論にもっていく一種の還元主義とのそしりを受けるかもしれません。

しかし、私は、子どもという「鏡」に照らして己《おのれ》を正そうとする自省の眼差《まなざ》しを大人たちが常にもっていなければ、よかれと思う試みも結果として制度いじりの弥縫策《びほうさく》（＝一時しのぎの取り繕《つくろ》い）に終わったり、モグラたたきのような、その場しのぎの対応に追われてしまうであろうことを恐れるのであります。

その点、ある雑誌の〝徳育〟をめぐる特集で、作家の山田太一氏が、謙虚《けんきょ》に語られている言葉が印象に残っております。

「いま必要なのは、確信を装《よそお》って子供に徳を説くことではなく、迂遠《うえん》でも大人が自分で多少ましだと考える生き方をなんとか現実に生きてみせるしかないと思う」(「生きてみせるしかない」、「中央公論」一九九九年九月号所収)と。

実際、高度成長時代の終焉《しゅうえん》からバブルの崩壊を通じて、急速に露《あらわ》になってきた大人社会の現状は、何とも気が滅入《めい》るような惨憺《さんたん》たるもので、新たな世紀を迎える、はつらつたる気分など皆無《かいむ》に近い。

政界、官界、財界、言論界を問わず、いわゆるエリートと呼ばれてきた人々が〝ノブレス・オブリージュ(高貴な立場に随伴《ずいはん》する責任)〟のかけらも持ち合わせず、何かにつけ責任逃《のが》れと保身、自己弁護に汲々《きゅうきゅう》たる醜態《しゅうたい》を、このところ、我々はいやというほど見せつけられてきました。

相次ぐ保険金がらみの殺人に象徴されるように、目的観、価値観を見失った社会が必然的に招き寄せる拝金主義の横行など、大人たちのスキャンダラスな体《てい》たらくが、子どもたちの心に影を落とさないわけがない。先達《せんだつ》が魅力ある範《はん》を示すことのできないような社会に、教育力など期待し得《う》べくもないのであります。

もとより、マスコミの興味本位の目など関係なく、山田氏のいうように「生きてみせるしかない」と、その人ならではの孜々《しし》とした営みを続けている人が、数多く存在しているにちがいありません。しかし、そうした人々であっても、面《おもて》を上げ、背筋をピンと伸ばして生き抜いていくことが、なかなか困難になってきているようです。明治人の気骨のようなものが、しばしば実像以上にもてはやされ、懐旧《かいきゅう》の念で語られるのも、日本の社会の現状が、何を欠落させているかを物語っています。

「教育基本法」の見直しは慎重に

一連の教育改革の動きのなかで、戦後教育の柱となってきた「教育基本法」の見直しが浮上しているのも、そうした背景によるものと思われます。

首相の私的諮問機関「教育改革国民会議」の七月の報告でも、「教育基本法の改正が必要であるという意見が大勢を占めた」とあり、「前文及び第一条の規定では、個人や普遍的人類などが強調され過ぎ、国家や郷土、伝統、文化、家庭、自然の尊重などが抜け落ちている」との意見も述べられていました。「国民会議」の報告ではありませんが、そうした欠落部分を補うために「父母ニ孝ニ兄弟ニ友ニ夫婦相《あい》和シ朋友《ほうゆう》相信シ恭倹《きょうけん》己《おの》レヲ持《じ》シ博愛《はくあい》衆ニ及ホシ……」との「教育勅語」を見直すべきだとする復古調の動きもあります。

ちなみに「教育基本法」の一条では「教育の目的」について、「教育は、人格の完成をめざし、平和的な国家及び社会の形成者として、真理と正義を愛し、個人の価値をたつとび、勤労と責任を重んじ、自主的精神に充《み》ちた心身ともに健康な国民の育成を期して行われなければならない」（旧法。二〇〇六年に改正）と謳《うた》っております。

この条文は、個人の尊厳に立脚し「人格の完成」を目指すという普遍的理念という限りにおいては、古今東西いかなる人にも妥当《だとう》する、文句のつけようのないものであります。しかし、「教育基本法」制定の経緯を振り返ってみても、普遍的理念の正当性は、たえず風土や伝統を異にする土俗性という場で検証されなければならず、その点については、日本の教育関係者は、楽観的でありすぎたようです。

その結果、人間は〝個〟であると同時に〝人倫《じんりん》（人と人との秩序関係）〟であること、〝個〟が真の〝個〟たらんとする、つまり「人格の完成」を目指すための場は〝人倫〟の中にしかありえないこと、そして、〝人倫〟を形成していくには〝個〟は「名月を　とってくれろと泣く子かな」式のエゴイズムをどこかで制御《せいぎょ》する必要があり、それが人間が成熟することの謂《いい》にほかならないこと——こうした当たり前のことを実践していくことがいかに困難であるかが、その自明性ゆえに看過《かんか》されすぎてきたとはいえないでしょうか。

ひとことでいえば、個性や自由をいうあまり、〝個〟を〝私〟へと矮小化《わいしょうか》させてしまう、人間のエゴイズムというものに対して、あまりにも無防備、無警戒でありすぎました。戦後の「教育基本法」制定の過程で、「教育勅語」に強く反対し、個人の尊重という理念を教育目的の基軸に据《す》えるよう尽力した森戸辰男氏が「期待される人間像」を打ち出した中教審（中央教育審議会）答申（一九六六年）の際、その会長をつとめ、戦後の平和教育の見直しなどを強調したことを、変節のように言う向きもありますが、私は、氏なりの反省に基づいた、内的な必然性があったのだと推察します。先にあげた「国民会議」の「教育基本法」見直しの論議も、大きくくくればそうした流れに沿ったものといえるでしょう。

断っておきますが、私は「教育基本法」の見直しについては、拙速《せっそく》は慎《つつし》むべきだと思っております。

前文や一条に謳われた理念は、それ自体文句のつけようのないものですし、また、条文に郷土や伝統、文化等の文言を盛っても、それだけでさしたる実効が期待できるとは思えません。

まして「教育勅語」の徳目の復権など、それらが戦前の天皇制、家父長制のもとでどのような役割を演じてきたかを考えるなら、時代錯誤以外の何ものでもないでしょう。

教育の手段視が生んだ現代の悲劇

総じて、私は、文部省が音頭をとり続けてきた官僚主導型、政治主導型の近代日本の教育制度の在り方は、そろそろ限界にきているように思います。

戦前の富国強兵であれ、戦後の経済大国であれ、欧米先進国を目標に追いつき追いこせという〝キャッチ・アップ〟を至上命題としてひた走ってきた近代日本の在り方、そして常にその目標達成のために教育はいかにあるべきかという観点からの位置づけを強《し》いられてきた明治以来の教育の在り方は、明らかに行き詰まっており、工業化から情報化時代への変貌《へんぼう》とともに、軌道修正を余儀なくされているからであります。

そこで、私は、二十一世紀の教育を考えるにあたり「社会のための教育」から「教育のための社会」へというパラダイムの転換が急務ではないかと、訴えておきたいのであります。

「教育のための社会」というパラダイムの着想を、私は、コロンビア大学宗教学部長のロバート・サーマン博士から得ております。博士とは、私も何度かお会いし、そのつど深い識見に感銘を受けていますが、博士は、アメリカSGIの機関紙のインタビュアーから、社会において教育はいかなる役割を果たすべきかを問われて、こう答えております。

「その設問は誤りであり、むしろ『教育における社会の役割』を問うべきです。なぜなら、教育が、人間生命の目的であると、私は見ているからです」と。

まさに、卓見《たっけん》であるといってよい。こうした発想は〝人類最初の教師〟の一人である釈尊《しゃくそん》の教えに依《よ》るところが多いと博士は語っていますが、そこには自由な主体である人格は、他の手段とされてはならず、それ自身が目的であるとしたカントの人格哲学にも似た香気《こうき》が感じられてなりません。

それとは逆に、人間生命の目的そのものであり、人格の完成つまり人間が人間らしくあるための第一義的要因であるはずの教育が、常に何ものかに従属し、何ものかの手段に貶《おとし》められてきたのが、日本に限らず近代、特に二十世紀だったとはいえないでしょうか。

そこでは、教育とりわけ国家の近代化のための装置として発足した学校教育は、政治や軍事、経済、イデオロギー等の国家目標に従属し、専《もっぱ》らそれらに奉仕するための〝人づくり〟へと、役割を矮小化《わいしょうか》され続けてきました。

当然のことながら目指されたのは、人格の全人的開花とは似ても似つかぬ、ある種の〝鋳型《いがた》〟にはめ込まれた、特定の人間像でありました。

教育の手段視は、人間の手段視へと直結していくのであります。

二十世紀が、間断なき戦争と暴力に覆《おお》われた、史上空前の大殺戮《だいさつりく》時代を現出してしまったのは痛恨の極みですが、それは、テクノロジーの負の遺産である殺傷力の肥大化もさることながら、価値基準を人間に置かず、教育という人間の本源的な営みに派生的な役割しか与えてこなかった、近代文明の転倒した価値観にも、大きく起因しているように思えてならないのであります。

それに関連して、私は、最近の「ＩＴ（情報技術）革命」をめぐる動きにも、一抹《いちまつ》の危惧《きぐ》を抱いております。たしかに、九州・沖縄サミットで採択された沖縄憲章に「二十一世紀を形作る最強の力の一つ」と謳われたように、「ＩＴ革命」が、二十一世紀のメガ・トレンド（巨大な流れ）になっていくことは間違いないし、わが国も、その流れに乗り遅れてはならないでしょう。

それもあってか、たとえば学力低下の問題を取り上げてみても、特に理数系に顕著な学力低下の現状を放置しておくと、日本の経済や技術力に悪影響を及ぼし、ＩＴ革命に突入しつつある世界の動きに後《おく》れをとってしまう――この種の指摘が、大学関係者を中心に、しばしば寄せられています。

当然の懸念ではあります。グローバリゼーションの是非はさておき、二十一世紀の国際化の流れは止めようのないものであり、鎖国時代ならいざ知らず、日本もその流れに身をさらさざるをえないからです。

それと同時に、私の抱く危惧とは、そうした学力向上への取り組みが、旧態依然たる「社会のための教育」という轍《てつ》を踏《ふ》んでしまいはしないか、ということであります。

人間と人間の〝結びつき〟の回復を

ＩＴ革命というものが、近代の足元を掘り崩す性格をもつものである限り、人間社会に対する影響も、必ず〝光〟と〝影〟を併せもっているはずです。ところが、現状に目をやると、かつての未来論ほどではないにしても、楽観的というか〝光〟の部分のみが喧伝《けんでん》されすぎているように思えてなりません。

しかし、金融面を中心にしたＩＴ革命を先取りし「マネー資本主義」「カジノ資本主義」下での独り勝ちを謳歌《おうか》しているように見えるアメリカでも〝影〟の部分は疑いようもなく広がっているようです。鳴り物入りのＩＴ革命なるものが人間社会に招き寄せるものが、拝金主義の風潮でしかなかったとしたら、何をかいわんやであります。ここで、私は、今や〝空《くう》語《ご》〟と化した感さえある「人格の完成」という言葉をもう一度捉《とら》え直してはどうかと提案したい。

教育基本法が「教育の目的」としたこの言葉が、なぜ〝空語〟として宙に浮いてしまったのか、それを普遍的理念として内実化させることは、はたして不可能なのか――分かりきったことのようでも、そこに一切の教育改革の〝原点〟があることは、どんなに強調してもしすぎることはありません。

そのための試みとして、この「人格の完成」を「幸福」という言葉に置き換えてみてはどうでしょうか。

卓越《たくえつ》した教育者でもあった創価学会の牧口常三郎初代会長は、教育の目的は一にも二にも「子どもの幸福」にあることを力説してやみませんでした。

牧口教育学といえば、今や世界的な脚光《きゃっこう》を浴びつつありますが、初代会長は、戦前の軍国主義下で「皇国《こうこく》少年」「軍国少年」をどう育成するかに教育機関が総動員されていたころ、時流に抗《こう》して「子どもの幸福」こそ第一義とされるべきだと断じ、「教育勅語」などにしても、人間生活の道徳的な最低基準を示されているにすぎない、と喝破《かっぱ》していました。すなわち、当時にして「社会のための教育」ではなく「教育のための社会」でなければならないという、スタンスを崩さなかった、驚くべき炯眼《けいがん》の人、先見の人でした。

ちなみに、この「幸福」を「快楽」とはき違えたところに、教育をはじめとする戦後の日本社会の最大の迷妄《めいもう》があったと、私は思っております。そのはき違えのおもむくところ、「自由」は「放縦《ほうじゅう》」や「勝手気まま」に堕《だ》し、「平和」は「怯懦《きょうだ》」や「安逸《あんいつ》」に堕し、「人権」は「独りよがり」に、「民主主義」は「衆愚主義」にと堕してしまう。

あげくは「人格の完成」どころか、いくつになっても幼児性から抜け出せず、他人の意見など聞く耳をもたぬ「慢心しきったお坊ちゃん」（オルテガ・イ・ガセット『大衆の反逆』神吉敬三訳、筑摩書房）のおびただしい輩出であります。

人間が人間らしくあること、本当の意味での充足感、幸福感は、〝結びつき〟を通してしか得られない——ここに、仏法の〝縁起観《えんぎかん》〟が説く人間観、幸福観の核心があります。

人間と人間、人間と自然、宇宙等々、時には激しい打ち合いや矛盾、対立、葛藤《かっとう》を余儀なくされるかもしれないが、忍耐強くそれらを乗り越えて、本来あるべき〝結びつき〟のかたちにまで彫琢《ちょうたく》し、鍛え上げていくところに、個性や人格も自《おの》ずから光沢《こうたく》を増していくのであります。

そうした〝結びつき〟を断たれたならば、人間の魂は、孤独地獄の闇の中をあてどもなくさまよっていく以外にない。精神医学の言葉でいえば「コミュニケーション不全」というのでしょうが、この問題は、総じて人間関係が希薄化しつつある現代という時代がはらむ病理ともいえます。

これについて今、「少年法」をめぐる論議がなされていますが、子どもたちの問題行動の増大や、少年犯罪の凶悪化は、その病理の鋭角的な噴出であり、これだけで問題を解決することはできないでしょう。子どもを覆《おお》う闇の中から聞こえてくる癒《いや》しを求める声に耳を傾けながら、粘り強くコミュニケーションを回復していくことこそ、大人の責務だからであります。

有名なエピソードですが、ソクラテスの青年への感化力を、世人《せじん》が〝シビレエイ〟のようだと評したのに対し、彼が、シビレエイは自分がシビレているからこそ、他人をシビレさせることができるのだと応じたという話があります。（『メノン』藤沢令夫訳、『プラトン全集 9』所収、岩波書店、参照）

これは、教育力というものを考える際の万古《ばんこ》変わらぬ、そして変えてはならない王道であります。

ともかく、人間の心を動かすものは、人間の心以外にありません。

最近、「教師こそ最大の教育環境」をモットーにする創価学会教育部の皆さまから、十数年間にわたって地道に積み上げてきた「教育実践記録」が一万事例を超えたという、うれしい報告を受けました。これは、十六年前（一九八四年）、私が「教育所感」を発表した時の提案を受けてくださったもので、初等・中等教育の場を中心に、荒れる教育現場で子どもたちと四つに組んだ汗と涙の記録であります。その〝地の塩〟ともいうべき尊い労作業に、教育を人生最終章の仕事としている私としても、合掌《がっしょう》しつつ感謝したいと思います。

大自然と奏でる共生のハーモニー

さて、〝結びつき〟といえば、人間と自然環境とのコミュニケーションも欠かすことはできません。その点でも、牧口会長は炯眼《けいがん》の人、先見の人でした。

主著『人生地理学』の冒頭には、吉田松陰の「地を離れて人無く人を離れて事《こと》無し、人事を論ぜんと欲《ほっ》せば、まず地理を審《つまび》らかにせざるべからず」を挙げ、自然環境が人間形成に及ぼす影響の重要性を訴えていました。いわく「慈愛、好意、友誼《ゆうぎ》、親切、真摯《しんし》、質朴《しつぼく》等の高《こう》尚《しょう》なる心情の涵養《かんよう》は、郷里を外にして容易に得《う》べからざることや」（『牧口常三郎全集　1』第三文明社）と。

『人生地理学』が上梓《じょうし》されたのは一九〇三年ですから、環境問題が資源やエネルギーの有限性、水や大気の汚染といったのっぴきならぬかたちで、人類に自然との関係の再考を迫る優に半世紀以上も前のことです。

そのころから、牧口会長は、自然とのコミュニケーション不全は、人間に肉体的なダメージや死をもたらすだけでなく、人格形成に欠かすことのできない慈愛などの美徳をも毀《こぼ》してしまうであろうことを、鋭敏に見てとっていたのであります。

人間が凶暴なインベーダーとして、地球環境を破壊してしまったのが二十世紀だとすれば、二十一世紀を担う子どもたち、若者たちを育てる教育には、自然との触れ合い、コミュニケーションをどう保全するかという視点は、絶対に欠かせません。人間同士のコミュニケーションと同じく、テレビの映像などを通したバーチャル・リアリティー（仮想現実）の世界ではなく、大自然と直《じか》に触れ合う機会を、できるだけ増やしていくべきです。そのコミュニケーションから培《つちか》われる瑞々《みずみず》しい生命感覚、大地や草木、動植物を友とし、彼らと同じ空気を吸い、同じ陽光を浴びながら生々躍動しゆく生命空間の巧《たく》まざる広がりは、バーチャルな世界のそれとは、似て非なるものであるはずです。

〝どろ亀さん〟の愛称で慕《した》われる森林研究の大家である高橋延清氏のエッセーの一節が、印象深く想起されます。少し長くなりますが、紹介してみますと、

「夜の森の美しさは、とくに満月の夜はね、山の稜線と空との境がくっきり見えて、まるで版画のようだよ。さっきもいったけども、ホントに白と黒の世界なんだ。そしてね、これは自分で出かけた人にしか味わうことのできない世界でもあるのさ。

そりゃ、写真やビデオを撮ると、ある程度は見ることができるかもしれんが、感じることはできない。というのはね、感じるっていうのは目だけじゃないからさ。肌では気温や湿度を感じ、鼻は夜の森の匂いをかぐ。耳からは聞こえてるんだか聞こえてないんだか、はっきり〝なんの音〟って説明できないものもある。夜の森にでかけたらね、立ったりしゃがんだり、葉っぱも表や裏とひっくり返して見てごらん。それだけ、美しい世界を見つけることができるんだから、ね」(『森に遊ぶ』朝日新聞社)

二十一世紀を拓くキーワードは「共生」であると、しばしば指摘されてきました。私も八年前(一九九二年)、「希望と共生のルネサンスを」との提言を行ったことがあります。(『池田

大作全集 2』収録）

ともあれ、二十一世紀の「教育のための社会」にあっては、人間が孤立と分断の力に翻弄《ほんろう》されることなく、人種や国境を超えて結びつきの絆を深め、大自然とも縦横にコミュニケートしながら、共生のハーモニーを奏でゆく――そうした人格を形成していくことこそ目的であり、第一位の優先順位を与えられるべきではないでしょうか。

教育改革の方向性審議する「教育センター」の設置を

本年（二〇〇〇年）は、牧口初代会長が『創価教育学体系』（『牧口常三郎全集』5・6所収、第三文明社。以下、引用は同書から）を発刊して七十周年の佳節を迎えます。この牧口会長の先見的な思想と実践を踏まえながら、主として学校教育改革の進め方について、私なりのいくつかの具体案を、試案的に提起してみたいと思います。

現在、〝教育の危機〟が叫ばれる中で、文部省の各種審議会に加え、本年三月には首相の諮問機関として「教育改革国民会議」が発足し、教育改革の方向性が検討されています。

教育を最優先の国民的課題と位置づけ、論議を深めることは重要ですが、〝特効薬〟を求めるあまり、長期的展望を欠いた対症療法的な改革にならぬよう留意すべきでしょう。

教育も社会と無縁な存在でない以上、時代の変化に伴う試行錯誤は当然のことですが、改革の方向性が時々の政治的な思惑《おもわく》に強く影響されたり、目先を変えただけの近視眼的な対処となる場合が少なからずありました。

戦前においても、こうした悪弊《あくへい》が問題となっていました。

牧口会長は『創価教育学体系』で、次のような指摘をしております。

「宛然《えんぜん》旧屋の造作《ぞうさく》で、継ぎ足し継ぎ足しの応急手当が、今日《こんにち》の首尾不貫徹《しゅびふかんてつ》なる教育制度として残存し、学校は新時代の要求に適当せず、徒《いたずら》に入って来る少青年の前途を迷わせる者となって困って居る状態である」

そこで牧口会長が、新時代の教育方針を定めるための機関として提唱したのが、統括的な審議機関としての「教育本部」と、その補助機関となる「国立教育研究所」の設置でした。

後者の国立教育研究所は戦後まもなく発足していますが、牧口会長が志向していたような審議機関は、いまだ存在しておりません。首相の諮問機関「教育改革国民会議」は、その一つの可能性を持っていますが、論議を一時的なものに終わらせてはならないと思います。

そこで私は、教育に関する恒常的審議の場として、新たに「教育センター（仮称）」を創設し、教育のグランドデザインを再構築する役割を担っていくべきと提案したい。

設置にあたっては、一つの独立機関として発足させ、政治的な影響を受けない制度的保障を講ずるべきであると考えます。内閣の交代によって教育方針の継続性が失われたり、政治主導で恣意的《しいてき》な改革が行われることを防ぐ意味からも、独立性の確保は欠かせないのです。

かねてより私は、立法・司法・行政の三権に、教育を加えた「四権分立」の必要性を訴えてきました。

教育は次代の人間を創る遠大な事業であり、時の政治権力によって左右されない自立性が欠かせません。

それはまた、戦争への道を後押しした「国家主義の教育」と身を賭《と》して戦ってきた、牧口会長および戸田第二代会長の精神でもありました。

そこで「教育センター」が核となり、国立教育研究所などとも連携を図りながら、確固たる理念と長期的な展望に立った教育改革の方向性を打ち出していくべきと思うのです。

日本主導で「世界教育者サミット」を定期開催

この重大な使命に加えて、「教育センター」を設立することで、日本は「国際貢献の新しい道」を開くことができましょう。

世界平和の実現の基盤となるのは、国家の利害を超えた教育次元での交流と協力です。私は、この観点から、教育権の独立を世界的規模で実現するための「教育国連」構想を、二十年以上前から訴えてきました。日本が「教育センター」の設立を通し、「教育権の独立」という潮流を世界で高めていく役割を担っていけば、「教育立国」という日本の新たなアイデンティティーを確立することにもつながっていくのではないでしょうか。

本年（二〇〇〇年）四月、日本が主催国となって、主要国の教育担当大臣が集い、教育問題を討議する〝G8教育サミット〟が初めて行われました。今後は政府レベルだけでなく、教育現場に携《たずさ》わる人たちの幅広い交流を兼ねた「世界教育者サミット」の定期開催を、日本が積極的に支援していってはどうかと提案したい。

G8教育サミットでも確認されたように、教育に関わる問題は、もはや一国だけの問題に止《とど》まるものではありません。だからこそ、日本が国際的な協力推進の軸《じく》となって、「二十一世紀の教育」の新たな地平を開く先頭に立つべきと考えるのです。

続いて、昨今、スポットが当てられている学校教育の改革について、何点か述べておきたい。

近年、打ち出されている改革の柱として、週五日制の導入に代表される「ゆとり」の回復を目指す「学校教育の縮小化」と、学区制の見直しや公立の中高一貫校の増設など自由化を進めるための「制度的な規制緩和」があります。

これらは、詰め込み教育の反省や学校間の自由競争を意識してのものと思われますが、十分な受け皿が考慮されないまま改革が先行すると、子どもの自助努力にすべてを任せるような制度になりかねません。

牧口会長は、理念なき自由主義が教育にもたらす影響を、「解放しただけで、建設的の工夫が伴わなければ無軌道の放縦主義に堕《だ》することは、無心なる子弟の教育経済の為《ため》に座視《ざし》するに忍びない」と批判しました。この警鐘《けいしょう》は、時代を超えて今日《こんにち》においても見過ごすことのできないものと思います。「ゆとり」に対して、学校や家庭サイドに、あるいは地域社会にどのような備えがあるのか――慎重すぎるくらいの検討を加えないと、取り返しのつかない結果さえ、招きかねません。

牧口会長が「方法上の改良案は教育目的観の確立を先決問題とする」と強調していたように、たえず「何のため」という根本目的に立ち返りながら、改革の具体案を検討していく必要があるといえましょう。

何のための「ゆとり」であり、何のための「自由化」なのかが明確でないままに、改革を推し進めても、かえって悪影響を及ぼしてしまう可能性は大きいのです。牧口会長はある意味で学校のスリム化につながる「半日学校制度」を提唱していましたが、今叫《さけ》ばれているような「知育偏重」への批判に立脚したものではありませんでした。

心身のバランスのとれた成長を図るために、「学校での学習」と「社会での実体験」を同時に進展させ、ともに充実させることが望ましいとの考えに基づいていたのです。その証拠に牧口会長は、「今の教育の病疾《びょうしつ》は知育偏重ではなくて、正当に知育をなさないのにある」「将来の教育は知育の蔑視や軽減ではなくて、あくまで知育の増進にある。その徹底的改善にあり」と述べ、学校がその課題に真剣に取り組むよう訴えていたのです。

教員同士の切磋琢磨で「学校の教育力」を向上へ

ゆえに私は、学校教育が抱える問題に批判の眼を向けるあまり、その基盤を切り崩しかねないような縮小化を一律に進めるのではなく、いかに学校教育を〝正しい知育の場〟として回復させていくかという観点から、改革の方向性を検討していくべきであると思います。

学校教育を真に変えるためには、「内からの変革」が伴わなければなりません。そこで私が提案したいのは、これまでの中央主導の統制型システムを改め、学校ごとの裁量の幅を広げ、選出プロセスを民主化・透明化した上での校長の権限拡大や、教員の創意工夫を奨励していく制度への移行です。

ともすれば、これまでの改革が、上から他律的に与えられたものであったために、現場では〝こなす〟のに精一杯で、さまざまな制約も伴い、新しい何かを〝生み出す〟ことが難しい状態にあったのではないでしょうか。

そもそも教育は、子どものためのものであり、〝国家の専有物〟であってはならない。教科書検定や学習指導要領を含め、国家が教育内容の細部に至るまで深く関与する制度のもとでは、学校や教員の自律性だけでなく、子どもの個性や創造性を育む土壌も育ちません。今後は、統一的な基準は大枠《おおわく》のものに止《とど》め、運用にあたっては現場の主体性を尊重する方向で調整していくべきではないでしょうか。

その一方で、「学校の教育力」を高めていくために、現場でさまざまな試行錯誤が繰り返されているように、教員が互いに向上を図っていく取り組みを積極的に行っていくべきです。昨今の改革論議の中で、「教員免許の更新制」など教員個々人の資質を問う制度も提案されていますが、本当の意味で「学校の教育力」を高めていくには、学校全体が一丸となって挑戦をする環境こそが求められると私は思います。

たとえば、「開かれた教室」をモットーに教科や学校の枠を飛び越えて、すべての教員が定期的に自らの授業を公開し校内研修を行う制度や、近隣校との交流を兼ねた教育研修を進めることも考えられましょう。

一般企業においても、終身雇用や年功序列を軸とする日本型システムが限界にきているように、よい意味での競い合いがなければ、人間の集団は活性化しません。

創造的な学びの場と社会貢献の実践の場を

学校教育の向上のためには、教員同士が立場の違いを超えて、〝刺激〟し〝触発〟し合う場が必要であり、切磋琢磨し、連帯感を深めながら「学校の教育力」を高めていく努力が不可欠でありましょう。

また、保護者や地域関係者への学校公開日を定期的に設けたり、同じ地域にある高校・中学・小学校の教員間の意見交換を積極的に行うことも、地域での協力関係を深める上で役立つのではないでしょうか。

学校教育の充実のために、私がもう一つ提案しておきたいのが、さまざまなタイプの学校の認可と、「実験的な授業」の奨励です。

諸外国では、一般的な学校とは異なる教育の在り方を志向する、さまざまなスクールが認可を受けて運営されています。その例としては、シュタイナー学校のような独自の教育思想に基づいた学校や、アメリカの「チャーター・スクール」、子どもが主体的に科目などを選択して学ぶことができる「フリー・スクール」などがあります。日本においても、こうした多様な学校の存在を求める声が少なくありません。教育改革国民会議でも、新しいタイプの公立学校として地域が設置し地域が運営する「コミュニティ・スクール」の設置が論議されていますが、一考に値《あたい》するものといえましょう。

私は、教育の新たな可能性を実践的に示す意義から、新しいタイプの学校の認可要件を緩和し、一方で教育実践の成果を報告する制度を設けてはどうかと提案したい。また、既存の学校にも「実験的な授業」を行うことを奨励し、同様に実践報告を募《つの》る制度を整えていってはどうかと思うものです。

〝学びからの逃走〟傾向が憂慮されるなか、学校が子どもにとって常に〝学ぶ喜びの場〟となり〝生きる喜びの場〟となるよう挑戦を続けることが、教育の生命線です。

文部省では今年度（二〇〇〇年）から、国公私立を問わず、現場で独自のカリキュラムに取り組むことのできる「研究開発学校」の希望を募り、財政支援を行う制度をスタートさせました。現場の創意工夫を奨励する制度の誕生を、私は歓迎するものですが、こうして積み上げられた成果を分析し、情報の共有化を図ることによって、教育界全体の向上に資《し》するべきと考えるのです。

かつて哲学者デューイが、シカゴの実験室学校における成果を踏まえ、教育理論を練り上げていったように、教育においては理論と実験証明の往還作業が欠かせません。

牧口初代会長の『創価教育学体系』や、戸田第二代会長の『推理式指導算術』などの著作も、教育者として現場で具体的実践を重ねる中で生み出されたものでありました。

また戸田会長は、「創価教育」の理論を実験証明する場として私塾「時習学館」を設け、子どもたちの学習指導にあたっていました。牧口会長はこれを自らが構想していた小学校の一つの具体化として、著書の中であえて「私立小学校時習学館」と記し、「本研究の唯一最大の価値の証明」と称えていたのです。

私が、牧口会長の構想していた創価教育に基づく学校を実現するために、幼稚園から大学院までの教育機関を設立したのも、この戸田会長の遺志を受け継いでのものでありました。

先に、創価学会教育部の実践記録が一万を超えたことに触れましたが、こうした教育現場から集められた貴重な記録や報告から導き出された教育方法を、再び現場へと還元していく環境をつくりあげることは、極めて有益ではないでしょうか。

こうした学校教育の改革を通し、創造的な〝学びの場〟を確立することと併せて重要なのは、「社会での実体験」を通して人間性を養うための教育を行うことであります。

現代の子どもたちにみられる傾向として、人間関係の希薄化や自己中心的な行動がよく指摘されます。また受験競争の激化のなかで、試験に関係するもの以外はさほど関心をもたない子どもたちが増えているようです。さらには、テレビやゲーム、インターネットなどのバーチャルな世界に没頭するあまり、現実の世界での感覚が麻痺《まひ》したり、現実と没交渉になってしまうケースも見られるといいます。

社会や自然と直《じか》にコミュニケートしていくには、どうすればよいか――。昨今の論議のなかで、子どもたちにボランティアなどの活動を経験させる必要性を訴える意見も出ています。私は、これを「体験学習」のような単発的なものに終わらせず、継続性をもった定期的な活動として行っていくべきと考えます。

具体的には、地域に住む人々と触れ合いながら共同で作業したり、リサイクル活動のように何か社会に還元できる達成感のある活動や、緑化作業や自然保護の活動のように成果が後々まで形として残るものが望ましいでしょう。最近、青少年の犯罪が多発するなかで、子どもたちの暴力性や攻撃性の高まりが問題視されていますが、〝何かをつくりだす〟建設的な活動に取り組むなかで、心身のバランスのとれた成長が図られていくのではないでしょうか。

哲学者のウィリアム・ジェイムズは、人間がもつ支配や闘争の本能を昇華させていくためには、戦争に代わる何らかの「道徳的等価物」を用意する必要があると指摘していました。平和や建設のための活動に従事するなかで、子どもたちはいっそう健全な感情と落ち着きのある理想をもって帰ってくる、と。(「戦争の道徳的等価物」今田恵訳、『世界大思想全集 15』所収、河出書房、参照)

この点、牧口会長も「半日学校制度」の構想の中で、〝青少年の持て余しているエネルギーが、社会的脅威に向かっているならば、これを社会に有価値なものに転換させることによって、個人の幸福と社会への貢献を同時に果たすことができる〟と訴えておりました。

自らの行動が社会に役立っていると実感する経験は、子どもたちの自信となり、心の成長の確かな礎《いしずえ》となっていくでありましょう。折しも明年（二〇〇一年）は、国連の定めた「ボランティア国際年」にあたります。これを機に学校現場に限らず、ボランティア活動への認識を社会全体で深めながら、二十一世紀の人道社会の道を切り開いていくべきではないでしょうか。

二十一世紀へ、大学教育を抜本的に改革

次に、教育改革の焦点といわれる大学入試制度について言及しておきたい。

現在、受験競争が激化するなかで、高校が単に〝大学入試の準備期〟となってしまう傾向に対し、懸念が強まっています。その反面で、少子化の影響により、大学進学者の数が将来的に減少していくことも予測されています。こうした過渡期にある今こそ、大学入試制度を見直す好機ととらえ、学生にとっても大学側にとっても真に有益な制度への改善を図っていくべきです。

そこでまず検討すべきと思われるのが、入試方法の多様化の促進です。私は、大学入試について、〝落とすための選抜試験〟ではなく〝入学のための適性判断〟という観点に立った

改善が必要と考えます。これまでのような筆記試験だけでなく、推薦入学など、多様な選考方法を用意することで「入学の間口」を広げ、志願者の〝学ぶ意欲〟を尊重した入試を目指していくべきと思うのです。

もう一つは、「大学の九月入学」を導入するという案です。

これは当初、グローバル化に伴い増加している海外留学や帰国子女に対応する観点などから叫ばれてきたものですが、他にもさまざまな効果を生み出すことが期待できるでしょう。たとえば、高校卒業から大学入学まで半年近くの猶予ができることで、受験の機会を増やすことも可能になるでしょう。

また、高校卒業後から大学入学までの時期を、さまざまな社会体験をしたり、読書に本格的に挑戦するなど、自分の人生をじっくり考える機会にあてることも一案だと思います。

アメリカ創価大学が目指すもの

これに関連し、大学教育の在り方について述べたいと思います。まず第一には、「全体性」と「専門性」を兼ね備えた教育を行うための見直しです。

最近の傾向として、履修科目の中で専門分野にくらべて、基礎的な一般教育のウエートの低下が進んでいる状況がみられます。社会の目まぐるしい変化に伴い、学問分野の専門化や

カリフォルニア州オレンジ郡のアメリカ創価大学キャンパス

細分化がさらに進むことを考え合わせると、学生が受ける教育内容がますます限定的なものとなっていく恐れがあります。

そこで私は、理念の明確でない一般教育の在り方を再度見直し、「リベラルアーツ教育（教養教育）」の充実を図るとともに、大学院とも連動した「専門教育」の拡充に取り組むべきと訴えたい。

明年（二〇〇一年）、アメリカ創価大学（SUA）のオレンジ郡キャンパスが開校しますが、これは教養教育を主体とした「リベラルアーツ・カレッジ」として運営されることになっています。ここでは、全体性を養った上で、大学院などに進み、専門性を磨いていく方針をとっております。

私は、この大学で理想的な教育を実験的か

つ大胆に行い、人間教育の方向性をしかと見いだして、「二十一世紀の教育」の新たな潮流をつくり上げていきたいと決意しています。

リベラルアーツ・カレッジ以外でも、アメリカでは一般に同様の発想に基づいて大学が運営されていますが、日本でも縦割りの学部制度からの脱却が必要なのではないでしょうか。

特に教養教育の実施にあたっては、さまざまな分野の学問をただ網羅的に個別に教えていく方法を改め、体系的かつ学際的な視点に立った再編成も必要となりましょう。そのためには、大学教員一人一人にも、意欲的な授業改革が求められてくると思います。多くの学生が大学の授業に魅力を感じない一因として、毎年、旧態依然の方法で同じような内容の授業が繰り返されていることなどが指摘されています。

先ほど、私が学校教育のところで述べた〝停滞〟という課題が最も深刻であるにもかかわらず、見過ごされてきたのが大学ではないでしょうか。

文部省の大学審議会による中間報告でも、大学教員の「教える力」を重視する必要性が訴えられましたが、習慣が〝惰性〟となっていないか点検し、教員資格の見直しの制度化を含め、たえず改善に努力する姿勢がなければ、大学教育の〝地盤沈下〟は避けられないでしょう。

「編入学制度」などを拡充

この点に関し、創価大学では、今年（二〇〇〇年）設立された「教育・学習活動支援センター」が中心となって、教員に対しては革新的な授業法を開発するさまざまなプロジェクトをサポートしたり、学生に対しては学習上の困難を自ら解決できるような学習支援サービスを提供する試みがなされています。

またSUAのオレンジ郡キャンパスでも、「コア・カリキュラム」という課程で、自然や社会におけるさまざまな事象を自分自身との関係において考察する時間が設けられます。

このように、単に一般教育の時間を増やすのではなく、「人間」という共通の土台に立って学問の基礎を総合的に学ぶ「リベラルアーツ教育」を大学教育の前期の柱にしていくことが重要であると考えるのです。

また後期においては、複数の専攻科目を選択することのできる「ダブルメジャー制度」の導入など大学内での運営の弾力化や、特定の専門分野に秀《ひい》でた他大学との「単位互換」や「編入学の相互受け入れ」の制度を拡充すべきではないでしょうか。

大学受験に際して、〝合格可能な大学や学部〟といった観点が優先される傾向がみられますが、こうした状況を固定化しては、学生にとっても大学にとっても、よい結果をもたらすことは決してないでしょう。

その改善のために、各大学が協力し合って、学生が真に学びたい分野を学ぶことのできるような環境を共同で整備すべきです。

実際に大学で学ぶなかで、当初の専攻分野に加えて、他の分野への関心が高まる場合もあるでしょうし、まったく別の分野に進路変更したい希望が増えてくることも予想されます。しかし現行の制度では、中途退学して再入学することが余儀なくされるために、転入の敷居の高さが障害となっているのです。

現在、各地で「大学連合」を発足させたり、編入学を含めた連携を模索する動きも見られますが、「学生本位」の立場から大胆な改革と大学間協力を進めていくことの意義は大きいのではないでしょうか。このように「大学単位」ではなく「学問単位」「分野単位」で門戸《もんこ》をオープンにしていくことは、〝学びたい時に学びたい分野を学ぶ〟という「生涯教育」の環境を整える観点からも、真剣に検討すべき課題と思います。

〝生命軽視〟の風潮打ち破る運動を

もう一つ、大学が取り組むべき課題として挙げたいのが、「国際化の促進」です。特に大学をはじめとする高等教育機関の国際化の促進は、日本にとって不可避《ふかひ》の課題であります。

「人間主義」の理念に基づく新しい大学を目指して私が創立した創価大学では、開学以来、この課題に取り組み、海外の諸大学との教育交流を積極的に進めてきました。

これまで協定を結んだ大学は、すでに世界七十大学を超えています（二〇一五年七月現在、百六十二大学）。

こうした交流を通し、多くの学生が他国で学ぶ機会を設けたり、教員の交換を定期的に進め、文化の相互理解を深めるなかで「教育環境のグローバル化」に努めてきたのです。

現在、日本と比較する形でアメリカの大学の教育水準の高さが指摘されますが、私はこの〝活力〟を生んでいる源泉こそ、さまざまな国々から教員や学生を受け入れる、「多様性」と「自由」を尊重する風土にあると考えます。

これまで日本では、キャリア・アップのための海外留学や教員の海外派遣ばかりが目立ちましたが、文化交流と教育の質的充実との観点から、さまざまな国々の学生や教員を受け入れていく環境を整備していくことが喫緊《きっきん》の課題です。

海外からの留学生の受け入れや、日本人学生の海外留学をサポートするための奨学金制度なども、「教育立国」の見地から積極的に充実させていくべきでしょう。

このテーマに関連し、多くの識者とともに私が強調しておきたいのが、早い段階から英語などの語学教育を進めることの重要性であります。

いくら大学で国際交流の環境を制度的に整えても、「語学のカベ」が根本的に突き崩されない限り、交流は裾野《すその》まで広がらず、〝絵に描いた餅〟に終わるおそれがあります。また語学力は、グローバル化の進展に伴い、社会に出てからも、コミュニケーションを図るために欠かせない能力になりつつあります。

さらに、より大きな次元から捉えれば、語学は「世界を結ぶ力」となるものといえましょう。世界の人々の生活を知り、価値観の違いを学び、同じ人間として心を交わしていく――その道を大きく開く〝武器〟となるのが語学です。

具体策の一つとして、「小学校での英語教育」を積極的に推進していくことも重要でしょう。ただし実施にあたっては、中学英語の前倒しのような内容ではなく、会話などを楽しみながら文化への理解を深めていく学習を心がけていかねばならないと思います。

と同時に、国語や日本の歴史・文化を学ぶことも、おろそかにしないことは当然であります。

最後に、社会が一致して取り組むべき課題について述べたいと思います。

先に私が、「教育のための社会」との観点から論じたように、〝人を育てる〟という意味での「教育」は、本来、学校現場だけでなく社会全体で担うべき使命であります。

私たちは今一度、「子どもたちの幸福」という原点に立ち返って、社会の在り方と自らの生き方を問い直す必要があります。子どもたちのために、どんな世界を築き、残していくべきなのか――。新しい世紀への出発を前にした今こそ、この課題と真摯《しんし》に向き合う絶好の機会といえましょう。

国連では、二十一世紀の最初の十年（二〇〇一年―二〇一〇年）を、「世界の子どもたちのための平和の文化と非暴力のための国際の十年」と定めました。私も年来、こうした時代の方向性を訴え続けてきただけに、最大に歓迎するものです。

ユネスコなどを中心にキャンペーンが進められる予定となっていますが、これを成功させるためには、広範な民衆レベルでの支援と協力が欠かせません。

ＳＧＩでは、アメリカ青年部による非暴力の意識啓発運動が昨年からスタートしました。これは「ビクトリー・オーバー・バイオレンス（暴力に打ち勝つ）」をテーマに非暴力の精神を広げる対話運動で、「戦争と暴力の二十世紀」を通じて、子どもたちの心の底にまで深く根付いてしまった「生命軽視」の風潮を転換させることを、最大の目的とするものです。

人権団体や学校・教育機関などから相次いで支持が寄せられるなど、運動は大きな社会的広がりをみせています。そして何よりも、暴力に苦しむ青少年層に〝希望〟と〝勇気〟を与える源泉となっているのです。

アメリカ同様、こうした取り組みが急務であることは、日本も同じであります。悲惨な事件が起こるたびに、子どもの〝心の闇〟の深さをセンセーショナルに取り上げても、問題は一向に解決することはない。大人の側が、その闇を生み出した社会の転倒に目を向けて、責任をもって声をあげ、行動を起こしていく必要があります。これまで創価学会では、一貫して民衆レベルでの「平和教育」の推進に力を入れてきました。その運動の新たな展開の一つとして、国際十年のキャンペーンに合わせる形で、青年部や教育部などが中心となり、「平和の文化」と「非暴力」の精神を社会に幅広く啓発する運動を考え、積極的に推進していってはどうかと考えるものです。

その取り組みを通し、他の人々の犠牲を顧《かえり》みない自己中心的な生き方ではなく、互いを尊重し支え合いながら、ともに価値創造していく社会を目指していくべきと思うのです。

〝社会から切り離された教育〟が生命をもたないように、〝教育という使命を見失った社会〟に未来はありません。教育は単なる「権利」や「義務」にとどまるものではなく、一人一人の「使命」にほかならない――そう社会全体で意識変革していくことが、すべての根本であらねばならないのです。最後に、二十一世紀に「教育」の大輪《たいりん》が花開き、子どもたちの笑顔が輝く時代が迎えられるよう、私も全力で取り組むことを誓い、私の所感とさせていただきます。

21世紀開幕記念「教育提言」（2001年1月9日）

教育力の復権へ　内なる「精神性」の輝きを

いよいよ二十一世紀が開幕しました。私は昨秋（二〇〇〇年）、この新しき世紀を「教育の世紀」にしなければならないとの思いから、一つの提言を発表いたしました。

これは、教育を手段視し続けてきた日本社会に対する警鐘《けいしょう》の意味を込め、「社会のための教育」から「教育のための社会」への転換を呼びかけたものです。子どもたちの幸福という原点に立ち返って教育を回復させることは、まさに急務といえます。そこで今回は、特に子どもたちを現実に苦しめている、いじめや暴力をなくすために、学校や社会が取り組むべき課題について、一歩掘り下げて論じたいと思います。

本来、子どもたちにとって〝学ぶ喜びの場〟となり、〝生きる喜びの場〟であるべき学校において、いじめや暴力などの問題が深刻化して久しくなっています。

文部省の一九九九年度の「問題行動調査」の結果によれば、公立の小・中学校と高校の児童・生徒が起こした「暴力行為」は三万六千件と、過去最多を更新しました。また、「いじめ」に関しては、減少傾向は見られるものの、依然、三万を超える件数が報告されています。まことに悲しむべき状況でありますが、これらの数字は、あくまで学校側が報告した件数に基づいたものであり、また私立の学校は調査対象に入っておらず、〝氷山の一角〟にすぎないともいわれております。件数の多寡《たか》もさることながら、問題なのは、こうした異常な状態が、教育現場において半ば常態化している現実です。

子どもは、〝時代の縮図〟であり、〝社会の未来を映す鏡〟であります。その鏡が、暗い闇に覆《おお》われて曇ったままでは、明るい希望の未来など期待しうべくもありません。

これまでにも、文部省や各自治体を通じて、さまざまな対策が打ち出されてきましたが、こうした制度的な「いじめ防止」の環境づくりとともに、「いじめや暴力は絶対に許さない」との気風を社会全体で確立していくことが強く求められると私は考えます。

いじめや暴力なくす挑戦を

今から七十年前（一九三〇年）に発刊された、創価学会の牧口常三郎初代会長の大著『創価教育学体系』も、社会の混迷に翻弄《ほんろう》される子どもたちを憂《うれ》えた牧口会長の、「一千万の児童や生徒が修羅《しゅら》の巷《ちまた》に喘《あえ》いで居る現代の悩みを、次代に持越《もちこ》させたくない」（『牧口常三郎全集５』第三文明社）との悲願から生まれたものでした。

子どもたちが、社会の犠牲になることなく、その可能性を無限に広げ、一人残らず、幸福な人生を歩み通してほしい――この〝やむにやまれぬ願い〟こそが、創価教育学の一切の根幹を成すものなのです。だからこそ、その豊かな成長の芽を、子ども同士でつみ取ってしまうような悲劇だけは、断じて学校からなくしていかねばならない。ゆえに私自身も、東西の創価学園や創価小学校を、創立者として訪れるたびに、〝いじめや暴力は絶対に悪であり、ともになくしていくことを皆で誓い合いたい〟と、児童や生徒を前に繰り返し呼びかけてきました。もとより、そうした呼びかけ自体、とりたてて新しいものではなく、大多数の大人にとっては、自明の理であり、人間が弁《わきま》えるべき当たり前のルール、常識ともいえましょう。

しかし、困ったことに昨今は、この当たり前が当たり前としてなかなか通じなくなってきている。いじめや暴力、また非行、少年犯罪にしても、数そのものが以前に比べて必ずしも増加しているわけではありませんから、問題は〝数〟や〝量〟にではなく、その〝質〟や〝性格〟にあるのではないでしょうか。その点を凝視《ぎょうし》しておかないと、「いじめをなくそう」といくら呼びかけても、子どもたちの心に届かず、上辺《うわべ》だけのスローガンのように、空《むな》しくこだまするに終わってしまいかねないのであります。

いじめや暴力をなくすために、何といっても必要なものは勇気でしょう。悪に屈しない勇気、悪を傍観視しない勇気――それらが総結集された時、いじめや暴力も、すごすごと退散していくにちがいないのですが、それが意外に難しいのです。

私は昨年（二〇〇〇年）、「聖教新聞」紙上で、日ごろ中学生などに接する機会の多い青年たちと、数回にわたってこの問題を論じ合いました。それを通じて痛感したのは、親や教師の関わり方を含め、この〝勇気の人〟であることの困難さです。

悪を助長する「無関心」と「シニシズム《冷笑主義》」

かつて、S・ヴェイユは、時代の病理を「善に関係する言葉」の堕落、と喝破《かっぱ》しました（「文学の責任について」橋本一明訳、『シモーヌ・ヴェーユ著作集 2』所収、春秋社）。病理はその後ますます進行し、勇気に限らず努力や忍耐、愛や希望などの「善に関する言葉」がいずれもシニカル（冷笑的）な視線にさらされ、その視線を気にするあまり、それらの言葉を口にすることさえはばかられる――そんな雰囲気さえ感じられます。その病理に真正面から向き合わないと、抜本的な対応はできないのではないでしょうか。

話題を呼んでいるように、「なぜ人を殺してはいけないのか」という問いがテレビの電波に乗り、そのものずばりのタイトルで総合雑誌が特集を組み、単行本が出版されるという現代日本の状況は、問題の所在が奈辺《なへん》にあるかを物語っています。「殺すなかれ」という、世界宗教の歴史とともに古い戒律、徳目さえ、この有り様ですから、いじめや暴力など、他は推して知るべしでしょう。

そうした状況が生まれる背景には、近年、社会にとみに顕著に見られるモラル・ハザード（倫理の欠如）と、それにともなう悪への無関心、シニシズム（冷笑主義）の蔓延《まんえん》があります。

そして、私が特に強調しておきたいのは、悪に対する無関心、シニシズムは、時に悪そのものよりも恐ろしい、社会を根の部分から蝕《むしば》んでいく病根であるということです。

私がかつて対談集を編《あ》んだ二人の識者、ロシアの優れた児童文学者A・リハーノフ氏と、〝アメリカの良心〟と呼ばれたノーマン・カズンズ氏も、軌《き》を一《いつ》にして、そのことを強く訴えておりました。

無関心が青少年の魂に及ぼす罪の深さについて、リハーノフ氏は、エベルハルトの次のような逆説的な言葉を引きながら、警鐘《けいしょう》を鳴らしております。

「敵を恐れるな、最悪の場合でも敵は汝《なんじ》を殺すぐらいだろう。友人を恐れるな、最悪の場合でも、友人は汝を裏切るぐらいだろう。

無関心なやからを恐れよ、やつらは、汝を殺しもしないし、裏切りもしないが、やつらの沈黙の合意のせいで、地上には裏切りと、殺人が存在するのだ」（『若ものたちの告白』岩原紘子訳、新読書社）と。

なぜ逆説的かといえば、無関心は、殺人や裏切りから目を背《そむ》けることによって、かえってそれらの悪を、幾倍にも増長させてしまうからです。

また、カズンズ氏が、作家スティーブンソンの「わたしは悪魔よりもシニシズムの方がずっと嫌いだ」との言葉を共感をもって援用《えんよう》しているのも、シニシズムにつきまとう安易さ、自己不信が、理想や希望、信頼などの言葉を堕落させ、息の根を止めかねないことを憂慮してのことでした。（『人間の選択』松田銑訳、角川書店）

換言すれば、両氏が、無関心やシニシズムを悪や敵以上に厳しく戒《いまし》めるのは、そこには生の手応え、生きることのリアリティー（現実感）が欠落しているからであります。

無関心やシニシズムが支配する生命空間とは、愛や憎しみ、苦悩や歓喜など人間的な情念というものを感じさせず、どこか空々《そらぞら》しく投げやりな、自己閉塞的な世界といってよい。悪への無関心は、同時に善への無関心を意味しますから、そこは、善と悪とが織りなす葛藤やドラマのもつ生々しいリアリティーとは無縁の殺風景な生命空間であり、言語空間であります。

子どもたちの心の闇にたゆたう一種の不気味さに、大人社会が当惑《とうわく》と苛立《いらだ》ちを募らせるのは、なぜか。

そこには、価値の空白時代につきものの無関心やシニシズムという病理を、子どもたちの鋭敏な心が先取りし、そのまま映し出していることへの本能的な危惧、警戒心があるとはいえないでしょうか。

先に、いじめをはじめとする青少年の問題行動の〝量〟よりも〝質〟と申し上げたのは、その意味であります。無関心やシニシズムに比べ、悪は善と同じくリアリティーそのものであって、悪なくして善はなく、善なくして悪なし――両者は、相対的であるとともに相補的な実在であります。また、悪も対応のいかんによっては善に転じ得るのだ（逆もまた真です）という点では可変的実在でもあります。

決定的に重要なことは、善も悪も互いに（善ならば悪を、悪ならば善を）「他者」として、その関係性の上に「自己」を成り立たせているということであります。

現代社会を覆う「他者」不在の病理

仏教の知見は、そのことを「善悪不二《ふに》」「善悪無記《むき》」と説いております。具体的にいえば、たとえば、釈尊《しゃくそん》（善）という「自己」の仏道修行を完結させるためには、敵対する提婆達多《だいばだった》（悪）という「他者」の存在が欠かせないのであります。逆に、無関心やシニシズムに、致命的に欠けているのが「他者」であります。そこには「自己」しかない。とはいえ、真実の

「自己」とは（カール・ユングが、意識の表層次元の「自我＝エゴ」と深層次元の「自己＝セルフ」を立て分けたように）、「他者」と密接に結びつきながら深層次元に脈動する実在ですから、無関心やシニシズムの世界における「自己」とは、ユングのいう「自我＝エゴ」と同じく、表層次元を浮遊《ふゆう》する閉塞的な自意識でしかありません。

そうした「自己」は「他者」が不在であり、「他者」の痛みや悩み、苦しみへの不感症に陥《おちい》っているがゆえに、自分の世界に引きこもってしまったり、ささいなことでキレて暴力的な直接行動に走ったり、あるいは素知らぬ顔で傍観者であったりする。

やや大状況的な言い方になりますが、こうした「他者」の不在という精神病理こそ、ファシズムやボリシェビズムなどの二十世紀を席巻《せっけん》した狂信的イデオロギーを生み出す格好の土壌であったこと、また、現在でも、いやますバーチャル・リアリティー（仮想現実）の氾濫によって、「他者」は影が薄くなる一方であることを考えれば、子どもたちの問題行動を、〝対岸の火事〟視していることなどできないはずです。

リアリティーを蘇生させる対話こそ人間たらしめる基盤

「自己」の内に「他者」が欠落していれば、対話は成立しません。平和学界の重鎮であるJ・ガルトゥング博士が私との対談集で使っておられた言葉を借りれば、「外なる対話」は

「内なる対話」を前提としているからです（『平和への選択』、『池田大作全集 104』収録）。「自己」の内に「他者」を欠いた対話は、形は対話のように見えても、一方的な言い合いに終始してしまう。コミュニケーションは不全です。最も懸念されるのは、そうした言語空間――ある識者が〝失語症と多弁症の同居〟と形容していた言語空間にあっては、言葉が生き生きとした響きを失い、ついには圧殺されてしまうであろうということです。

言葉の死が「ホモ・ロクエンス」（言語人）としての人間の魂の死につながることは、いうまでもありません。真のリアリティーとは、そのような自己閉塞的で表層的な次元を突き破り、「自己」と「他者」の全人格的な打ち合い、言葉の真の意味での対話を通してのみ発現され、生々躍動する精神性であり、共通感覚であります。

私は、ハーバード大学で二度ほど講演の機会をもちました。

その一回目（「ソフト・パワーの時代と哲学」、『池田大作全集 2』収録）では、時代精神として要請されるソフト・パワーの核を成す〝内発的なるもの〟〝内発的な精神性〟は、苦悩や葛藤、逡巡《しゅんじゅん》、熟慮、決断といった魂の格闘を経て顕現されるのではないか、と訴えました。

生きていることの確かな手応え、リアリティーは、「自己」と「他者」が、深層次元で織りなす入魂と触発のドラマ、「内なる対話」と「外なる対話」の不断の往還作業という溶鉱炉の中で鍛え上げられてこそ、万人を包み込む普遍的な精神性の輝きを帯びてくるのであります。そこにこそ、言葉は、本来の精彩を取り戻してくるのであります。古典や名作と呼ばれる人類の精神的遺産は、いずれもその深層次元から養分を吸い上げ結実させた精華ですが、ここでは一例として、ドストエフスキーの作家活動に転機をもたらしたとされる『死の家の記録』に触れてみたいと思います。

周知のように、彼は若いころ、思想犯としてシベリア流刑に処せられ、四年間を酷寒の地で過ごしました。そこで体験したさまざまな〝地獄〟を通して掘り当てた民衆の美質、人間の美質を綴った類《たぐい》まれなルポルタージュがこの作品であり、なかに次のような印象的なくだりがあります。

「ただ一般の民衆は例外で、たとえどんなに恐ろしい犯罪をしたにせよ、断じて囚人を責めるようなことをせず、彼らの受けた刑罰《けいばつ》といっしょに、その不幸な境遇のために彼らをゆるすのである。ロシヤ全国の民衆が犯罪を不幸と名づけ、犯人を不仕合わせな人たちと呼んでいるのは、あえて偶然でない。これは意味深長な定義なのである。それは無意識に、本能的に下されたものであるだけに、なおさら重大なのである」(『死の家の記録』米川正夫訳、『ドストエフスキイ全集 4』所収、河出書房新社)と。

「不仕合わせな人」という言葉は、何と豊饒《ほうじょう》な語感、余韻《よいん》を湛《たた》えていることでしょうか。ロシアの民衆への思い入れもあるかもしれない。しかし、私は魂の表層次元を突き抜けて深

ハーバード大学で「21世紀文明と大乗仏教」と題して講演（1993年）

層へと迫る文豪の眼力を信じます。

犯罪を「不幸」と呼び、罪人を「不仕合わせな人」と呼ぶ——この民衆の眼差《まなざ》しは、いつも「他者」をしっかりと見据《みす》えております。囚人も自分も別の人間ではなく、いつ自分が同じ境遇になっても不思議ではないという共感性が脈打っております。そこには、自分を「善」、他人を「悪」と決めつける軽佻《けいちょう》浮薄《ふはく》な傲慢さ（イデオロギーの悪の淵源《えんげん》です）と決別し、縁によって「悪」に堕《お》ちた者は、また縁によって「善」へと蘇《よみがえ》ることができるとする精神性が磁気を帯びており、ルソーが原初の社会感情とした「憐憫《れんびん》」の心の広がりが、包み込むように伝わってきます。

外から見て、どんな苦しい状況下にあろうとも、そのように人間の絆が保たれ、コミュニケーションが全《まっと》うされている社会は、「なぜ人を殺してはいけないのか」などという不遜《ふそん》な問いかけに人々が虚《きょ》を突かれ、及び腰の議論を余儀なくされるような社会、すなわちコミュニケーション不全を病む社会とは、まさに対極に位置しているのであります。

そして、ドストエフスキーのその後の著作に通底するテーマが、壮大なる弁神論であることが示しているように、あるいはルソーの教育理論の根底に、ドグマ（教条）や教会の権威とは無縁の独自の宗教感情が据《す》えられていたように、普遍的な共感性や、精神性の核心部分には、ほぼ例外なく何らかの宗教性——維摩詰《ゆいまきつ》の「一切衆生病《いっさいしゅじょう》むを以《も》って是《か》くの故に我病む」（『大正新脩大蔵経 14』）という言葉に凝縮される大乗仏教の菩薩道《ぼさつどう》の極致や、「九十九匹」よりも迷える「一匹」に親しく接するイエスの愛の精神と強く響き合う、人間本然の宗教性が、息づいているのではないでしょうか。

価値の空白が招いた〝教育の危機〟

マハトマ・ガンジーやマーチン・ルーサー・キング博士が繰り広げた非暴力運動は、戦争と暴力に明け暮れた二十世紀を振り返ると、ひときわ鮮やかな光芒《こうぼう》を放つ精神性の戦いの結晶といえましょう。

非暴力運動があれだけの波動をもたらし、今なお人々の心を揺り動かし続けている大きな理由は、「宗教は、他のすべての活動に対して道徳的基礎を提供する」（「私の宗教の目標」梅田徹訳、『私にとっての宗教』所収、新評論）とガンジーが述べているように、いつに彼らの言動が、状況に左右されない強固な宗教的信念に裏打ちされていたからであると、私は信じております。だからこそ、非暴力運動が、普遍性と不変性を獲得することが可能であったのだと——。

この精神性、宗教性というファクターを基軸にして、教育の問題に深い洞察を試みた人に、アメリカの心理学者A・H・マスローがいます。

彼は、教育の第一義的課題として、「教育はその人がそのなりうる最善のものとなり、その人が潜在的に深く蔵している本質を、現実にあらわすのを助けるべきである」（『創造的人間』佐藤三郎・佐藤全弘訳、誠信書房）と述べています。

この点、教育の目的を「子どもの幸福」に置くスタンスを微動《びどう》だにさせなかった牧口教育学説とピタリと符合します。マスローは、その課題を全うするために、教育における「長期の価値目標」「究極的価値」から片時も目を背《そむ》けてはならない、そうでないと、教育は、その人がなりうる「最善のもの」を見失う本末転倒に陥《おちい》ってしまうであろうと、警告を発し続けました。軍事や経済などの短期の目標に優先順位を与え続けてきた結果、現代の教育危機に直面している日本人にも、まことに耳の痛いことでしょう。

そして、マスローいうところの長期かつ究極的な「価値目標」とは、彼が「哲学的」「宗教的」「人間主義的」「倫理的」等と形容している、人間が深く蔵する精神性、宗教性の涵養《かんよう》にほかなりません。

昨年秋（二〇〇〇年十一月）、アメリカ・ウェルズリー大学のビクター・カザンジン学部長とお会いする機会がありました。カザンジン学部長は、同大学に本部を置く全米三百五十大学のネットワーク「教育変革プロジェクト」の共同創設者の一人であり、同プロジェクトでは、人間と人間、人間と社会といった関連性が分断された教育の状況を打開するため、教育に「全体性」と「精神性」を復権することが目指されています。学部長は、「知性の教育」と「精神面での教育」の分離が進み、教育を手段視する風潮が強まっていることへの懸念を述べ、アメリカ創価大学が目指す全人性を育む人間教育に温かな期待を寄せてくださいました。まさに、この「全人性の涵養」を核とする人間教育こそ、牧口会長以来、営々と積み上げてきた創価教育の眼目であり、永遠不変の指針であります。

教育界の混迷、子どもたちの世界を覆う闇の深さは、宗教に限らず、家庭や地域を含めて社会総体が有するべき教育力の低下、衰弱を物語ってあまりあります。それだけに、小手先の対応に終わることなく、いかに迂遠《うえん》に見えようとも、マスローが「価値ぬきの教育でよいのか」と問いかけたように、精神性さらには宗教性といった人間の心の深層にまで踏み込んだ根本療法にアプローチする段階にきているのではないか――こう考えるのは、決して私一人ではないと思います。

宗教教育の強制は戦前回帰の愚

ただし断っておきたいのは、何も私が「宗教教育」の導入を意図して、こうしたことを論じているわけではないということです。公教育における「宗教教育」の実施については、憲法や教育基本法でも明確に禁じられております。こうした原則を定めた規定は、いうまでもなく、戦前、国家神道が絶対的な地位を占め、学校においても、その影響を色濃く受けるなかで、教育が軍国主義や国家主義を鼓吹《こすい》する手段となってしまったことへの深い反省に基づくものでした。

近年、青少年をめぐる問題が深刻化するなかで、社会に規律を取り戻そうと、宗教を公教育の場に持ち込もうとする復古主義的な色彩をもった動きなどが一部でみられますが、私は、戦前の日本が犯したような、内心の自由や信教の自由を踏みにじる「宗教教育の強制」という愚行は、断じて繰り返してはならないと強く訴えておきたい。

私ども創価学会の人権闘争の原点は、国民から精神の自由を奪い、戦争に駆り立てようとした軍国主義ファシズムに、断固として戦い抜いた牧口初代会長と戸田城聖第二代会長の精神闘争にあります。両会長の精神を受け継いだ私も、創価学会の社会的使命の一つはそこにあると考え、行動を貫いてきました。

その信条を私は二十七年ほど前、年一回の本部総会の講演で、こう決意を披瀝《ひれき》したことがあります。

「私どもの信教の自由を守りぬくことはとうぜんとして、さらにたとえ私どもと異なった思想、意見をもった人々であったとしても、もしその人たちが暴虐《ぼうぎゃく》なる権力によってその権利を奪われ、抑圧されそうな時代に立ちいたったときには『人間の尊厳の危機』を憂《うれ》えて、断固、それらの人々を擁護《ようご》しゆくことを決意しなければならないということであります。たとえば、他宗教の人であれ、また宗教否定の思想をもつ人であったとしても、これらの人を守りたい。これこそが人間の尊厳を謳《うた》いあげた仏法がもっている理念の帰着であるからであります」(一九七三年十二月十六日、第三十六回本部総会)

ゆえに私は、憲法が定める「信教の自由」は、絶対にゆるがせにしてはならないものであり、その原則を突き崩す公教育における「宗教教育」の導入、つまり、教育基本法が禁じる「特定の宗教のための宗教教育」の実施には強く、反対するものです。

もちろん、国公立の学校とは別に、私立の学校においては、それぞれの教育方針や教育理念に沿った形で、宗派教育を含めた宗教教育を行うことは認められており、子どもたちの

「信教の自由」が保障される限りにおいて問題はないことは、あらためて申すまでもないことです。

なお付言しておけば、私が創立した幼稚園から大学までにいたる創価教育の一貫教育の学校では、私学ではありますが宗教教育は行っておらず、授業のカリキュラムの中にも一切盛《も》り込まれておりません。

学校の理念として追求しているのは、「何のため」という内省の眼差《まなざ》しを養いながら、社会のために価値を創造していく豊かな人間性や精神性を育むことにあるからです。

ところで、一口に精神性、宗教性を掘り起こす作業といっても、それは、いってみれば人類史を俯瞰《ふかん》するような文明論的課題であり、各人、各家庭、各界、各団体が、それぞれの立場、方法でもって力を合わせて事に当たっていかなければ越えることのできない、大きな〝山〟であります。

当然のことながら、それは創価学会（インタナショナル）の課題でもあります。私どもの仏教運動とは、同時に「人間革命」であると常々申し上げている意味もそこにあります。すなわち、宗教的使命は、人間的・社会的使命と相即不離《そうそくふり》であって、前者は必ず後者へと昇華、結実していかなければならない。もし、両者を切り離してしまうと、宗教性は宗派性へと歪曲《わいきょく》され、ともすると宗教は、人々に害を及ぼす反人間的、反社会的な存在に堕《だ》してしまいます。

多くのカルト教団が陥《おち》りがちな迷妄が、ここにあります。

私が強調する「宗教性」とは、「宗派性」とは厳しく一線を画《かく》しております。人間的・社会的側面での価値創造に繋《つな》がっていかない宗教性は、その名に値《あたい》せず、どこかに偽《いつわ》りがあるのであります。ゆえに、私はかつて「創価学会の社会的役割、使命は、暴力や権力、金力などの外的拘束力をもって人間の尊厳を冒《おか》しつづける〝力〟に対する、内なる生命の深みより発する〝精神〟の戦いである」（一九七五年十一月九日、第三十八回本部総会）と位置づけたのです。

この「〝精神〟の戦い」とは、精神性、宗教性の掘り起こしの謂《いい》であります。あの阪神・淡路大震災（一九九五年）の折、創価学会の地元地域のメンバーが、青年たちを中心にボランティア活動に立ち上がり、大活躍しました。その活躍ぶりが、外国のメディアにも報道され、話題を呼んだことは記憶に新しいところです。また、地元の会館も、避難所として開放し、炊き出しなども含めて、大変感謝されました。最近も、昨年（二〇〇〇年）九月に東海地方を襲った集中豪雨に際し、被災者への救援活動に協力して、地元から感謝をされました。それは民衆と苦楽を共有せんとの、精神性、宗教性の発露しゆく当然の帰結なのであります。

以上申し上げたように、宗派性を超えて、精神性、宗教性の普遍的な広がりをもちうるかどうかは、その宗教が二十一世紀文明に貢献していくための試金石といってよい。

それと同時に、話を教育次元、特に宗派性をもち込んではならない学校教育の場に戻せば、私は、子どもたちの荒れた内面を耕《たがや》し、緑したたる沃野へと変えゆく古今《ここん》変わらぬ回路は、そうした精神性、宗教性を豊かにたたえた芸術作品、なかでも書物に接していくこと、すなわち読書だと思います。

「読書を通じた人格形成」を人間教育の柱の一つに

コミュニケーション不全の社会に対話を復活させるには、まず言葉に精神性、宗教性の生気を吹き込み、活性化させていかなければならない。

その活性化のための最良、最強の媒体となるのが、古典や名作などの良書ではないでしょうか。

必ずしも学校教育に限ったことではありません。私の経験に照らしても、若いころから古典や名作に親しむ習慣をつけるということは、後々にいたるまで、計り知れない財産となっていくものです。

現在でも、さまざまな形で文学作品に触れる機会は学校で設けられていますが、多くの場合、「国語」をはじめとする教科で読解力などを養うための教材として使われるのが専《もっぱ》らとなっているようです。

近年、さまざまな形で読書運動が全国の学校で積極的に行われるようになっています。こうした取り組みを付随的なものに終わらせず、偉大な文学作品と親しむ時間を学校教育の柱の一つとして導入することを、真剣に検討してみてはどうかと思うものです。

この点に関し、特定の宗教に偏《かたよ》らない教育を模索するなかで、多様な教材を用いて、生徒自身に自ら能動的に学習させる方法を導入したスウェーデンの例などもあります。これは、参加型学習を通して、現代の文明が抱える根源的な問題や倫理的な問題に対する洞察力を養うことを目指すものです。

具体的な実施にあたっては、これら諸外国の例などを広く参考にしながら、具体的な方法を検討していくことが有益でしょう。

今、なぜ読書なのかといえば、第一に、それは読書経験が、ある意味で人生経験の縮図を成しているからです。山本周五郎の『ながい坂』に、このような一節があります。

「人の一生はながいものだ、一足跳びに山の頂点へあがるのも、一歩、一歩としっかり登ってゆくのも、結局は同じことになるんだ、一足跳びにあがるより、一歩ずつ登るほうが途中の草木や泉や、いろいろな風物を見ることができるし、それよりも一歩、一歩を慥《たし》かめてきた、という自信をつかむことのほうが強い力になるものだ」(『山本周五郎全集 17』新潮社）と。

まことに、味わい深い言葉です。読書経験にも同じことがいえるのではないでしょうか。古典や名作は、歯応えがあります。必ずしも長いものとは限らないが、いずれにせよ、漫画本を読むように気楽に読み飛ばすわけにはいかない。難解な個所にぶつかり、再読三読、ようやく自分なりに納得できる場合もあるかもしれない。あるいは、その時は分からなくても、長じてその意味にハタと思い当たることもしばしばです。たしかに、それは、足元を確認し、周囲に目を配りながら、一歩一歩と山頂を目指す山登りと似ています。

古典や名作は、ダイジェスト本や結論だけを要約したものを読んで事を済ますわけには、決していきません。苦しく困難な登攀《とうはん》作業にも似た格闘を経て、初めて血肉となるのが良書です。

ひとり机に向かっての読書もそれなりの意味をもちますが、習慣化という意味からも、友人や教師と一緒に、意見を交わしながらの読書経験は、いっそう意義深さを増すにちがいない。

私も十代に、戦後間もない焦土《しょうど》で地域の青年たちと読書サークルをつくっていましたし、何よりも、恩師・戸田城聖先生を囲んでの定期的な読書会の一回一回は、金の思い出として脳裏《のうり》に刻まれています。

「書を読め、書に読まれるな」とは、恩師の口癖《くちぐせ》でした。人生の達人であった恩師の言々句々から学んだことは、本との付き合い方は、人間の付き合い方と同じことであり、良書に触れることは、良き師、良き友をもつことと変わるものではないという貴重な教訓でした。

今、なぜ読書か。その第二の意義として、蓄えられた読書経験は、巷《ちまた》にあふれ返るバーチャル・リアリティーのもたらす悪影響から魂を保護するバリアー（障壁）となってくれるでしょう。

映像などによって送り出されるバーチャル・リアリティーは、一定の利便性をもってはいますが、それは、人間が人間同士あるいは自然と直《じか》に触れ合うことによって生まれる共感性のリアリティーとは似て非なるものです。のみならず、バーチャル・リアリティーは、その刺激性の強さゆえに、リアリティーの世界にのみ育まれるであろう「他者」の痛みや苦しみへの共感性、想像力を覆い隠してしまいかねない通弊《つうへい》を有しています。

さらに、つくられたイメージを受動的に受け取る環境ばかりに身を置いていると、能動的な諸能力――考える力、判断する力、愛し共感する力、悪に立ち向かう力、信ずる力等、総じて内発的な精神性が、どうしても衰弱していってしまいます。

フランスの優れた科学者にして哲学者アルベール・ジャカール氏は言っております。

「情報科学は、情報をもたらすかぎりにおいては貴重なものです。しかし、情報科学がもたらすのは、人を小馬鹿《こばか》にしたような、急速冷凍したコミュニケーションでしかありません。沈黙と言葉からなる真の対話においては、創造性のある驚きが自然に生まれます。しかし、情報科学によってそれを引き起こすことは不可能です」（アルベール・ジャカール／ユゲット・プラネス『世界を知るためのささやかな哲学』吉沢弘之訳、徳間書店）と。

「人を小馬鹿にしたような、急速冷凍したコミュニケーション」とは、言い得て妙《みょう》ではないでしょうか。

そして、読書は、そうしたコミュニケーションではとうてい満たされることのない魂の深層に、励ましと癒《いや》しの風を送り込んでくれるはずです。真の読書とは、畢竟《ひっきょう》、作者と読者との粘り強い、親身な対話に帰着するからです。読書経験は、人生経験の縮図と申し上げたのは、そういう意味です。

第三の意義として、読書は青少年のみならず、大人たちにとっても、日常性に埋没せず、人生の来《こ》し方《かた》行く末を熟考するよいチャンスとなるでしょう。

かつて読んだことのある本であれ、初めてのものであれ、自分の全人格をかけて受け止め、感じとった〝何か〟がなければ、若者や子どもたちと感想を語り合うなど、とうてい不可能です。人生における〝真実〟は、口先ではなく、人格を通してしか伝わっていかないからです。

何といっても大切なのは、読書経験を通して、子どもたち自身の「問いかけ」を大切に育みながら、時間をかけて自分を見つめ直し、自分の力で「答え」を探し出す力を育んでいくことでしょう。

偉大な文学作品は内省的問いかけの宝庫

偉大なる文学作品とは、その意味で〝問いかけの宝庫〟といってよい。

一つだけ具体例を挙げれば、トルストイの『アンナ・カレーニナ』の最終章に出てくるレーヴィンの「われとは何か、なんのために生きているのか」に始まる問いかけの場面です。

（中村白葉訳、『トルストイ全集 8』所収、河出書房新社。以下、同書から引用・参照）

そこでは、作家の自画像といわれるレーヴィンが、生きるための規範への求道を続けるなかで、ある農夫の言葉に触れて新しい境地を開いていく姿、その過程での心の動きが、見事なまでの筆致《ひっち》で描き出されています。

「ある人間は、ただ自分の欲だけで暮らしていて、ミチュハーなんざその口で、ただうぬが腹をこやすことばかりしてるですが、フォカーヌイチときたら、正直まっとうな年よりですからな。あのひとは、魂のために生きてるです。神さまをおぼえていますだよ」

「魂のために」生きる――レーヴィンの心を電撃のように貫いたのは、こんな農夫の何気ない一言でした。それから彼は、広い街道を大股で歩きながら、「心のうちに新しい何ものかを感じて、まだその何ものであるかを知らないながらに、一種の喜びをもって、その新しいものを手さぐりしてみる」という、かつてない体験を味わいながら、自問自答を続けていく。そして、ついに自分なりの「答え」にたどりついた彼は歩くことを止め、林の草の上に身を横たえ、こう心の中でつぶやきます。

「おれは何も発見したのではなかった。ただ自分の知っていることを認識したにすぎないのだ。おれは、過去においておれに生命をあたえてくれたばかりでなく、現在もこうして生命をあたえていてくれるその力を理解したのだ。おれは虚偽から解放されて、主人を認識したのだ」と。

こうした暗《あん》から明《めい》への回心のドラマは、トルストイの世界にしばしば登場するものですが、そこで織りなされているものこそ、「問いかけ」から「他者との魂と魂の触発」へ、そして「内省的な眼差《まなざ》し」を通して自身の中から「新しい自分」を発見し創造していく精神の営みといえるでしょう。

その健全な精神の営みを回復したレーヴィンであればこそ、戦争が覆い隠してしまう〝人間が人間を殺す〟という真実に気づき、セルビア戦争への参加を義挙として燃え上がる自己犠牲への民族的熱狂に水をさすように、「単に犠牲になるだけでなく、トルコ人を殺すんじゃありませんか」と叫ぶことができたのではないでしょうか。

「殺すなかれ」という不滅の徳目は、彼のような魂の苦悩と葛藤の果てに口にされる時、にわかに精彩を放ってきます。

そして私が『アンナ・カレーニナ』の中で、最も圧巻だと感じるのは、レーヴィンが、〝自分の実感した「善の法則」は、キリスト教徒だけのものなのか〟〝ほかのユダヤ教徒や、イスラム教徒や、儒教や仏教の信徒には、この最善の幸福は奪われているのだろうか〟と懐疑する最後のシーンです。

人間の内なる精神性、宗教性に迫って、古今の大文学中での白眉《はくび》であろうと、私は思っております。

こういう古典を熟読玩味《じゅくどくがんみ》することが、どれほど自分の精神世界を豊かに、分厚《ぶあつ》いものにしてくれるか――優れた精神的遺産を〝宝の持ち腐れ〟にしておいては、もったいない限りであります。

トルストイに限りません。ドストエフスキーでもよい。ユゴーでもゲーテでも、何十年、何百年という時間の淘汰作用を経て生き延びてきた古典や名作には、必ず〝何か〟が含まれているはずです。外国の大文学が重すぎれば、日本の近代文学、あるいは河合隼雄氏などが推奨しているコスミックな児童文学の中からでも、いくらでも拾い出すことが可能でしょう。いくら〝活字離れ〟がいわれても、否《いな》、〝活字離れ〟の時代であればあるほど、私は、時流に抗して、古典や名作と一度も本気で格闘したことのない青春は、何と寂しく、みすぼらしいものかと訴えておきたいのであります。

また、幼児期や低学年の子どもたちに対しては、家庭にあっても学校にあっても、「読み聞かせ」の習慣をできるだけ増やしてほしいと願うのは、高望みにすぎるでしょうか。

一人で読書をすることも大切ですが、親や教師が、声を出して、子どもたちに語りかけていくことの意味は、さらに大きいでしょう。親や教師の声を通して、子どもたちは、言葉の体温を感じながら、物語の情景に思いをはせるようになる。そして、声の響きを通して、喜びや悲しみ、痛みなどを、全身で受け止める感性が、豊かに磨かれていきます。また親や教師が、子どもたちの表情を見ながら、声の調子を変えたり、時折立ち止まって、子どもたちの声に耳を傾けてみる――そんな時間を一緒に過ごすなかで、互いの信頼関係が着実に形づくられていくものです。

そして、「読み聞かせ」をする時には、農業に携わる人が豊かな実りを願って種を蒔くように、子どもたちに語りかける時にも、「どうか、すこやかに成長してほしい」「どこまでも可能性を伸ばし、夢を実現してほしい」と、〝種蒔く人の祈り〟を込めていくことが大切ではないでしょうか。「自分のことを信じてくれている」「思ってくれている」という安心感こそが、子どもの成長の一切の基盤となると思うのです。

社会と地域に〝希望と安心の灯〟を

最後に、「社会全体の教育力」を高めるという意味から、創価学会教育部の取り組みの一端を紹介させていただきたいと思います。

創価学会の教育部では、ささやかではありますが地域貢献の一環として、「教育相談室」を一九六八年に開設し、以来、今日まで三十二年間にわたり、教育に関する相談やアドバイスをボランティアで続けてきました。相談人数は、すでに、のべ二十八万人に及び、現在も全国二十八カ所で八百人の教育部員が、その活動にあたっています。相談員は現職の教育者と退職者で、全員がカウンセリングの基礎から学び、毎週、実際にカウンセリングを行い、事例研究を積み重ねております（二〇一四年から「未来部育成相談室」に改称。同年末までの相談人数は、のべ三十八万八千七人）。

この「教育相談室」は、会員・非会員を問わず利用できる、広く社会に開かれたものとなっており、アドバイスやカウンセリングも教育上の観点から行うもので、信仰に関する話は行わないこととなっています。

また一昨年（一九九九年）からは、地域と家庭の教育力の向上に貢献することを目指し、「教育相談長」の制度をスタートさせ、各地域の窓口となって、教育懇談会などを日本全国で広範に推進していく試みが始まりました。

これらの教育相談の地道な積み重ねによって、子どもたちが明るい笑顔を取り戻し、新しく出発ができるようになった事例は、たくさんあります。さまざまな問題で悩む子どもや親を〝孤独〟にしないためにも、学校や行政の相談窓口に加えて、気軽に、また安心して相談できる場を地域で数多く設け、ともに乗り越えていく体制づくりを社会で積極的に進めることが必要であると私は考えるものです。

教育部の教育相談室で受ける相談の中では、「不登校」の占める割合が七割と最も多く、そのきっかけの半数近くとなっているのが「いじめ」であると報告されています。

こうした現実を前に、いつまでも手をこまねいているのではなく、社会全体が今まで以上に関心をもって、いじめや暴力といった問題に立ち向かわねばなりません。「いじめや暴力は絶対に許さない」という気風を確立し、社会に広がる「無関心」や「シニシズム」の風潮を改めていく必要があります。

創価学会としても、「教育のための社会」を実現するための挑戦の一環として、また広く社会に「平和の文化」の土壌を育むという観点から、今後とも粘り強く意識啓発の運動を進めていきたいと思っております。政治でも経済でもない。教育の深さが、社会の未来を決める。そして教育こそが、子どもたちの幸福の礎《いしずえ》になるものです。

二十一世紀を「教育の世紀」に——今後も私は、この強い信念のもと、志を同じくする人たちとともに、人間教育の潮流をどこまでも広げていきたいと思います。

池田大作先生の指針
わが教育者に贈る

二〇一五年十一月十八日　発　行
二〇二一年　十　月十五日　第四刷
編　者　創価学会教育本部
発行者　松　岡　　資
発行所　聖　教　新　聞　社
〒一六〇―八〇七〇　東京都新宿区信濃町七
電話　〇三―三三五三―六一一一（代表）
印刷所　明和印刷株式会社
製本所　牧製本印刷株式会社
定価はカバーに表示してあります

ISBN978-4-412-01583-8